LES

DERNIÈRES JOURNÉES

DE

METZ LA PUCELLE !

Appréciations de la Presse Messine
sur les évènements

DOCUMENTS OFFICIELS — LETTRES PARTICULIÈRES

PRÉCÉDÉES DES

PREMIÈRES PHASES D'UNE DÉCADENCE

PAR

AUGUSTE DALICHOUX

(DE METZ)

—

CINQUIÈME ÉDITION

—

PRIX : 1 Fr. 25

PARIS

Librairie de JOEL CHERBULIEZ, rue de Seine, 33.

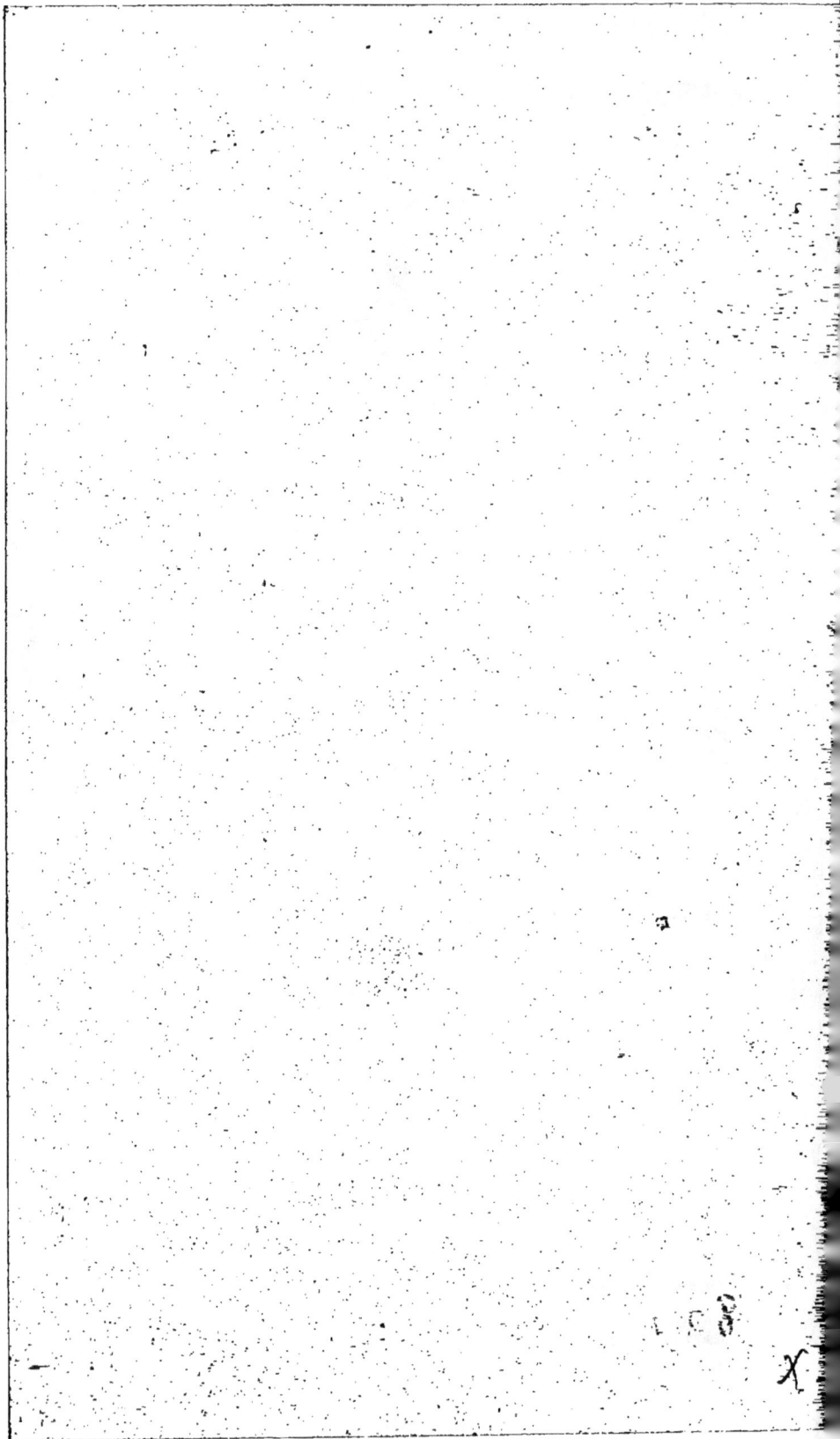

LES DERNIÈRES JOURNÉES

DE

METZ LA PUCELLE !

Appréciations de la Presse Messine
sur les évènements.

DOCUMENTS OFFICIELS — LETTRES PARTICULIÈRES

PRÉCÉDÉES DES

PREMIÈRES PHASES D'UNE DÉCADENCE

PAR AUGUSTE DALICHOUX

(DE METZ)

> Citoyens dégradés, vils clients des
> Tibère et des Caligula, Romains du Bas-
> Empire, devant l'impitoyable miroir,
> passez! Peuples en décadence, venez vous
> reconnaître ; et que d'âge en âge, la
> parole du Poëte soit une école ou un
> châtiment.   (VICTOR POUPIN.)
> *Préface aux Satires de Juvénal.*

CINQUIÈME ÉDITION.

PARIS

LIBRAIRIE DE JOEL CHERBULIEZ

33, rue de Seine, 33.

1872

LETTRE A ALCESTE

de la *Constitution*

MONSIEUR,

Du milieu de cette presse qui, sans souci de la
gravité terrible du moment, continue de nous corrompre de ses pernicieuses miévreries, votre voix
s'est fait entendre ; et, à l'instant, tous ceux qui
possédaient encore dans le fond du cœur un rayon
d'honnêteté, de justice et de vrai patriotisme, ont
salué en vous un ardent défenseur de la démocratie.

Permettez, Monsieur, à un de vos plus modestes
et de vos plus sincères admirateurs, de vous dire
que vous rendez de grands services à la cause de la
République ; et de vous supplier au nom de toutes
les âmes que votre parole a réchauffées, de
continuer votre lutte contre les iniquités d'aujour-
d'hui, de faire encore servir votre beau talent au

triomphe de la République : sans vous inquiéter des injures de cette presse vile, qui vit de mensonges et d'infamies.

Daignez aussi, Monsieur, accepter comme un témoignage bien faible de mon admiration pour votre caractère, ces quelques pages que m'a suggérées la situation dans laquelle se débat fiévreusement notre malheureux Pays. Ce serait, Monsieur, pour moi un double honneur, si je pouvais joindre votre haute approbation, à celle que j'ai déjà reçue de notre grand patriote Gambetta.

A. DALICHOUX.

Paris, 4 Décembre 1871.

« Depuis le jour où, d'un coup formidable, la Révolution naissante terrassa la Monarchie et fit paraître aux yeux du monde émerveillé la proclamation sublime des droits de l'homme, jusqu'au second Empire finissant sa maudite carrière dans l'égout de Sedan, par combien d'épreuves notre pays a-t-il passé ?

» 1815-30-48-51-70 et 71 ! sont les dates fatales et glorieuses, qui ont marqué les étapes sanglantes que la France a parcourues sans désespérer jamais de ses destinées. Non-seulement la France a été assez forte pour résister aux déchirements de la guerre civile , aux désastres de l'invasion; mais c'est toujours avec une idée nouvelle qui venait illuminer le monde, qu'elle s'est redressée plus vivante du milieu de ses propres ruines.

» Aux jours des malheurs nationaux, des crises révolutionnaires, sous les coups desquels toute autre nation aurait succombée, la France pansait ses blessures, reprenait son courage, aiguisait ses armes, et si elle n'arrivait pas à empêcher complètement les attentats du despotisme , elle laissait du moins sur la terre les saintes traces de sa lutte contre lui : traces ineffaçables creusées par l'amour de la justice, la passion de la liberté.

» Cependant aujourd'hui , après tant d'efforts , de luttes et de bouleversements pour regagner le port que la révolution de 89 lui a préparé : la France , au moment d'y rentrer, n'a jamais eu si peur de venir se briser sur les récifs **des sauveurs de nations !**... C'est qu'aussi l'heure approche où toutes ces idées qui divisent la société depuis 89 , vont encore une fois se trouver en présence , et que le plus simple citoyen comprend bien, que du choc qui s'en suivra sortira l'avenir de notre Patrie.

» On le voit , la crise est effrayante ; tout le monde en ressent un malaise étrange.

» Nous sommes entraînés par un courant d'évènements inouis : haletants, saisis de vertige, nous nous demandons : Où nous mènera-t-il? Nous interrogeons anxieusement l'horizon , et il nous apparaît sillonné par les éclairs qui annoncent la tempête. Ah ! qui donc viendra prendre d'une main géante le gouvernail de notre vaisseau démâté !

» Tel est l'état de prostration dans lequel nous nous trouvons. Nous savons bien que nous traversons l'époque la plus critique de notre vie nationale.

» Espérons pourtant que nous n'allons assister qu'à une de ces phases terribles par lesquelles une grande nation égarée doit inévitablement passer pour se régénérer. Aussi soyons donc à la hauteur des circonstances, pénétrons-nous bien de la grandeur du moment , car il est solennel ; faisons trève aux luttes sans pitié qui nous déchirent et nous avilissent ; imposons silence aux voix intéressées qui viendraient troubler la majesté de nos actions ; et surtout fortifions-nous de cette pensée qu'à cette heure nous avons en main les éléments de ce qui plus tard sera la France ; et que ce n'est pas seulement pour nous que nous allons agir , mais pour l'Humanité. Car la nature , en nous douant de cet élan enthousiaste pour tout ce qui est juste et beau, a voulu que nous soyons un des peuples qui ont le plus besoin de se rapprocher de ce soleil bienfaisant qui s'appelle le Progrès.

» Par les votes des 2 juillet, 8 et 15 octobre, le pays a montré clairement son intention d'entrer dans la voie du Progrès, et a affirmé la République. Aller contre ce vœu si nettement exprimé, s'ingénier à trouver dans ces votes des pensées équivoques : c'est commettre une imprudence qui pourrait amener d'irréparables malheurs.

» Il faut enfin reconnaitre que la France, en écartant d'une manière si éclatante, toute idée de réaction, aspire vers une rénovation sociale que le *self government* peut seul lui donner. Pour y arriver : tous les esprits doivent tendre à amener dans un bref délai l'élaboration des Lois d'une nouvelle Constitution.

» Ces Lois seront conformes aux idées et aux aspirations modernes : c'est-à-dire essentiellement républicaines.

» Mais pour preparer la France à nommer les hommes qui auront le devoir redoutable de lui créer les institutions appelées à la régénérer, il faut que tous les partis commencent loyalement les discussions, qui, selon leur conviction, pourront éclairer le peuple, et que dans un langage simple et clair, parti de toutes les hauteurs intellectuelles du pays, on explique la constitution que nous devrons avoir.

» Que tous les jours la presse, dont le devoir est si beau vis-à-vis du peuple, lui fasse bien comprendre que l'heure des changements radicaux a sonné, qu'il doit, s'il ne veut mourir, se hâter de se faire un tempérament nouveau, et que son éternel honneur devant l'histoire sera d'avoir apporté, plutôt pour ses neveux que pour lui, sa pierre au monument de la liberté.

» Fonder la République en France, c'est préparer dans un avenir prochain la République en Allemagne, dont le premier acte serait de nous rendre nos deux héroïques provinces, volées par Guillaume, Empereur du droit divin.

» Ce sera là pour la France une revanche à prendre plus digne d'elle et de l'humanité, que celle qui consisterait à répandre le sang, le pillage et l'incendie, et qui si elle arrivait, nous enfoncerait infailliblement dans la nuit épaisse des siècles barbares. Nous devons empêcher ce grand recul des peuples dans les ténèbres.

» Que la France proclame la République! et aussitôt des ruines et du sang qui la salissent aujourd'hui, elle sortira resplendissante d'une clarté nouvelle vers laquelle les peuples viendront s'éclairer et se réchauffer; et ce ne seront plus les conspirations royalistes et bonapartistes, ni les empêchements étroits de cet être égoïste appelé bourgeoisie, qui arrêteront alors sa marche vers la solution des grands problèmes sociaux.

» Que les ennemis de la République le sachent bien! ils ne peuvent, quoi qu'il arrive, que retarder un moment, et pour le rendre plus impétueux, plus décisif, l'élan sublime de la France sur le chemin de la justice et de la liberté. »

LA FRANCE !

.La situation de la France est si
grave qu'il n'y a pas moyen d'hésiter. Je ne m'exagère pas ce que
peut un livre; mais il s'agit du
devoir et nullement du pouvoir.
Eh bien ! je vois la France baisser
d'heure en heure, s'abîmer comme
une Atlantide. — Pendant que
nous sommes là à nous quereller,
ce pays enfonce.

(MICHELET.)

Comme la France est descendue !

Qu'a-t-elle fait du grand élan qui la sauva en 1792?

Qu'est devenue cette semence mystérieuse qui,
en 1789 rendit si fécond le sol volcanique de la
révolution, qu'il sortit soudainement de son sein,

1*

toute une phalange de grands hommes, d'héroïques citoyens, et d'illustres guerriers ?

Aujourd'hui, que son sol est aride.... cependant les évènements qui s'accomplissent au XIXe siècle sont assez remarquables par leurs faits brutaux et leurs conséquences, pour qu'il soit permis d'espérer que d'une telle secousse de l'humanité, il sortira autre chose qu'un conquérant vulgaire et des tribuns de carrefour.

Mais dans quel moment naîtra-t-il des génies, si ce n'est au milieu de ces crises gigantesques, de ces abîmements du droit, et des mugissements de la tempête sociale menaçant le vieux monde ; Oui, dans quel moment en naîtra-t-il donc, si ce n'est aux jours suprêmes ou la nation venant à chanceler sous les coups de l'ennemi, appelle avec désespoir ses enfants à son aide.

Puisque c'est au sein des grands évènements que les hommes, semblables à l'airain qui sort bouillonnant d'une fournaise, se transforment et se purifient aux flammes du patriotisme ; puisque c'est au milieu d'une telle tempête que les cœurs battent le plus fort, que l'intelligence s'ouvre un horizon plus vaste sous l'impression de l'enthousiasme et du désespoir ; puisqu'enfin c'est dans de tels moments où la surexcitation est à son comble, que les hommes, poussés par la force d'un mystérieux courant qui vient agiter l'humanité, se sentent devenir géants sur la terre brûlante qui les porte !

Pourquoi donc, en 1870, alors que la France, trahie et livrée par le tyran qui régna sur elle pendant vingt ans, vit les lourds escadrons de l'invasion germanique se répandre sur son sol sacré, pourquoi, ne donna-t-elle pas naissance à des génies, à des héros qui dominant et électrisant le peuple français, l'aurait entraîné au-devant de l'invasion, non-seulement pour l'arrêter dans sa marche triomphale, mais mieux encore, pour écraser sans pitié cette éternelle négation de la civilisation, et faire rentrer définitivement dans la nuit les champions de la féodalité ?

Pourquoi la France républicaine ne rendit-elle pas ce service au monde ? Pourquoi les fils de 89, poussés par le grand souffle de la liberté, tombèrent-ils devant les soldats du despotisme, qu'animait seul, le souffle corrompu du droit divin ?

C'est que, dans des jours d'égoïsme et de puéril effroi, alors que ses croyances, ses traditions, ses intérêts n'étaient qu'apparemment menacés par le spectre rouge du socialisme, et les discours de quelques énergumènes vendus à la coalition des rois..., la France commit la faute immense, irréparable peut-être, — de se jeter deux fois dans les bras du césarisme pour échapper à quelques remaniements sociaux et surtout aux graves problèmes que le paupérisme voudra toujours remettre implacablement en question, tant qu'il ne lui sera point prouvé qu'ils sont insolubles et par conséquent insensés.

C'est en ce moment que la France, instruite superficiellement des principes de 89 et ne possédant en politique comme en libre-pensée qu'une philosophie chétive et sans profondeur, manqua de ce courage civique de cette prescience de sa véritable mission humanitaire, qui pouvaient lui donner la force et la hardiesse de regarder en face quatorze siècles de fanatisme, d'injustice et de servitude.

Répudiant la révolution dans son grand avertissement aux peuples, la France crut néanmoins en conserver l'esprit, en acclamant 1802... et 1852..., lorsqu'elle ne faisait que de l'atrophier, en le plaçant ainsi sous la protection des Césars et de leurs traditions guerrières.

Avide de repos après avoir été avide de gloire, généreuse avec excès, chevaleresque par tempérament, confiante jusqu'à l'abandon, se flattant trop haut d'être sympathique à tous les peuples, odieuse à tous les rois; ignorant toutes les constitutions

d'Europe et soupçonnant à peine la sienne ; dédaigneuse des enseignements de l'histoire et des dé-
ductions philosophiques ; croyante par poésie ;
athée par ennui ; manquant de la foi robuste
que donne les convictions longuement réfléchies ;
ignorant Montaigne, Rabelais et Montesquieu ;
effleurant Voltaire et Rousseau ; s'honorant de ces
génies, et reniant Robespierre pratiquant leurs principes ; acclamant l'Internationale prêchant l'union
des peuples et chantant Béranger qui célèbre Napoléon Ier; inconséquente avec affectation, théâtrale sans
être comédienne, ennemie de l'axiome : la fin justifie
les moyens ; cœur ardent, cœur immense, s'offrant
sans contrat à toutes les nations opprimées ;
champion de la liberté des peuples, et cherchant
encore à conquérir la sienne ; complice et victime
tout à la fois des faux Wasinghton et des véritables
Machiavel de l'univers, en quête de son épée et de
son trône ;

La France depuis 1789, jusqu'à nos jours, se paya
de mots sonores, de définitions vagues, de promesses
solennelles, prononcées, faites par des hommes qui
rarement ont eu en partage une conviction doublée
de génie !

C'est sous la direction de ces histrions, de ces
esprits étroits, et bien peu sous celle d'un génie,
ô noble France, il faut te le dire !.... que tu

perdis insensiblement de vue, la voie sublime où tu devais marcher à la tête de la civilisation !

Quoi ! ignorais-tu donc que la plupart de ces hommes n'avaient toujours eu qu'un but : arriver au pouvoir ; et que pour s'y maintenir ils n'avaient jamais hésité de donner quand même satisfaction au besoin du présent en sacrifiant sans scrupule les intérêts et la grandeur de ton avenir.

Plus soumise qu'indépendante au lendemain de 1830, 1848 et 1870 ! plus démoralisée que retrempée par les longues étreintes des plus épouvantables malheurs, tu retardas toujours ta résurrection révolutionnaire et nationale en livrant tes belles destinées aux fourbes, aux audacieux, qui surent exploiter avec tant de perfidie, ton ardent souvenir à tes patriotiques traditions.

Et toi, la France superbe et frémissante d'un noble orgueil, la France de 89, celle qui proclama les droits de l'homme, tu voulus attacher ton peuple à la remorque de ces deux puissants moteurs — qui s'appellent la bourgeoisie et la noblesse, et lui faire baiser la main de fer des sauveurs de nations ! ..

Tu croyais, ô faiblesse, que cette main seule était assez forte pour maintenir la digue mal construite, que venaient battre avec des grondements terribles, la misère et l'ignorance humaines !

Ah ! pourquoi faut-il que dans un moment d'indigne crainte, de prostration suivie de folles terreurs, alors que déjà ton antique patriotisme et tes jeunes aspirations démocratiques commençaient à agoniser sous le souffle empoisonné du chauvinisme... .. pourquoi faut-il que tu te sois livrée à un aventurier affublé d'un nom retentissant de gloire, qui, après avoir surpris, trompé et égorgé la république, s'entoura de mercenaires pour le défendre, de vils et sinistres laquais pour composer sa Cour ; répandit l'or à pleines mains pour rattacher à son trône toutes les ignominies de la cupidité ; couvrit ta terre hospitalière de noirs essaims du fanatisme ; et, après être enfin parvenu à corrompre ton sang pur et généreux, t'étiola, puis te laissa presque annéantie, alors que l'invasion trainant à sa suite un million de Germains, s'avançait sur ta terre si riante jadis ; aux lueurs des villes et des villages en flammes, aux cris de douleur et de rage des populations massacrées.... Tu n'eus plus, ô France, la puissance de saisir d'une main forte et de faire reluire au soleil de la liberté, cette épée redoutable qui te sauva en 1792 ?

Cette page de l'histoire d'une grande nation restera une leçon terrible, pour les peuples qui, dégradés par le joug d'une longue tyrannie, laisseraient étouffer en eux l'amour de la Patrie, de la justice et de la vertu !

Chute immense ! épouvantable cataclysme dans l'ordre moral !

Elle en est donc arrivée·là, la nation qui donna à 'humanité des génies comme Rabelais, Montaigne, La Boétie, Descartes, Pascal, Montesquieu, Voltaire, Rousseau, Diderot, d'Alembert, Condorcet, Mirabeau, Châteaubriand et Victor Hugo !!!

La nation qui la première proclama, aux grondements terribles d'un orage sans égal, *les droits de l'homme !....* la nation qui s'éleva à une hauteur si si sublime, en flétrissant solennellement devant les peuples la guerre ds conquête, au moment même où elle venait de vaincre l'Europe coalisée, *est obligée, en* 1871, de signer la paix avec la Prusse ; de reconnaître le principe de cession territoriale et de s'incliner frémissante d'indignation devant cette maxime : la force prime le droit !

Peuple, réfléchis, pense et travaille, il en est temps encore... mais n'oublie pas que tes frontières ne t'appartiennent plus ; que deux de tes provinces les plus patriotiques comme les plus éprouvées, sont devenues la proie de l'ennemi ; que la citadelle vierge et redoutable, qui, *hier* encore se dressait menaçante, gardienne de ton sol en face de l'Allemagne ; que Metz, enfin ! ta fière forteresse, a disparu dans la sombre tourmente, que la haine de l'Allemagne, d'accord avec la trahison, avait déchaînée contre elle....

Peuple, prends courage, espère, car ton but est grand ; que la ville violée, que l'antique pucelle, te rappelle désormais aux sentiments vigoureux du devoir, qu'elle devienne avec Strasbourg, son héroïque sœur, le drapeau de ton patriotisme ! le signal de ta régénération...

SINON TU PÉRIRAS.

CHAPITRE II

LE XIXe SIÈCLE DEVANT LA POSTÉRITÉ

> Déjà la colère des Dieux s'est manifestée : la nature a donné le signal de la discorde ; elle a interrompu son cours , et , par un pressentiment de l'avenir, elle s est plongée elle-même dans ce tumulte qui engendre des monstres.
>
> (LUCAIN, *Pharsale.*)

Qui pourrait dire où le XIXe siècle conduira l'humanité !

L'aura-t-il perfectionnée, fait avancer dans la voie du progrès ?

Ou bien plutôt lui aura-t-il nui, lui aura-t-il posé des entraves à travers sa route ?

Grandes et graves questions, dont les solutions m'apparaissent pour l'avenir du monde, sombres et terribles de conséquences.

Nous qui faisons partie de ce XIXe siècle, regardons-le attentivement, rentrons en nous-mêmes, réfléchissons, et tâchons de nous figurer le monument qu'il laissera à l'examen des siècles futurs.

Il leur aura, d'abord, donné cet exemple funeste : le despotisme rendu triomphant dans un siècle plein de lumières : le despotisme sanglant et glorieux des premiers Césars, et le despotisme crapuleux des Néron et des Caligula.

Il étonnera les siècles de l'avenir, par notre élévation après la proclamation des droits de l'homme, et notre chute immense après les Napoléons.

Ils ne pourront allier tant de grandeurs avec tant de bassesses.

Nous arriverons aux yeux de l'histoire, comme un peuple qui a accompli de grandes choses plutôt par enthousiasme que par un amour réfléchi de la justice, puisqu'à peine cet enthousiasme éteint, nous perdons subitement l'idée de tout ce que nous venons de construire et d'élever si majestueusement ; et alors nous nous livrons sans respect même pour les

grands exemples que nous avons donnés au monde,
et que nous devrions soutenir éternellement en vue
du triomphe de la cause pour laquelle nous avons
combattu ; nous nous livrons à la gloire vaine, sanglante et despotique, qui, d'un seul coup, vint faire
crouler le gigantesque monument que nous avions
dressé avec tant de peine : la Révolution.

Oui ! que penseront les peuples dans l'avenir, d'une
telle différence de pensées et d'actes ?

Et surtout, lorsqu'ils nous verront sous le second
César, devenir avec tant de facilité, vils, railleurs,
avides d'or, de plaisirs, tous pleins de jactance, n'ayant
plus du courage que le dehors que nous faisons
ressortir bruyamment, parlant avec frénésie de
liberté, de droits du peuple, et ne pratiquant rien
de ce que ces grands mots renferment de devoirs
sacrés : tournant agréablement en ridicule l'antiquité,
que nous ne comprenons plus dans notre bassesse,
et dont nous ne pouvons plus suivre le majestueux
exemple ; nous attachant avec persistance aux choses
les plus frivoles, les plus corrompues, les plus
indignes de l'homme ; enfin, donnant à nos descendants le spectacle de la décadence la plus profonde ;
qu'en pensera l'humanité ?

Au philosophe, nous ferons porter sur l'humanité
actuelle les jugements les plus injustes et les plus

dangereux ; au penseur, nous ferons dire que notre nature encline aux vices nous a bientôt corrompus au physique comme au moral ; que notre corruption a rendu notre entendement étroit ; que nos pensées sont devenues mesquines et viles comme nos actes ; à l'historien, que l'amour du changement, un caractère mobile et un tempérament enthousiaste ont seuls été la cause de nos révolutions politiques.

Enfin, les peuples, ceux pour le bonheur et l'agrandissement moral et social desquels nous devions travailler, liront avec tristesse notre histoire.

Nous ne leur aurons pas fourni de grands exemples pour les enthousiasmer et inspirer leurs génies, car les fastes de notre époque, la grandeur de notre intention, ne leur apparaîtront peut-être plus qu'à travers le nuage sanglant de nos dissenssions fratricides.

Nous n'aurions dû jamais oublier que les Romains n'ont atteint leur grande élévation que sous la république, qui seule peut ennoblir l'âme et donner des mœurs austères ; mais que du jour où ils acclamèrent leur premier empereur, ce jour-là, les fiers Romains commencèrent à abandonner ce qui les avait, autant et plus que leurs armes, rendus redoutables, dans le monde : c'est-à-dire l'amour de la Liberté, de la Patrie.

Ils s'étaient élevés si haut pourtant, quils conservèrent jusque dans leur décadence, encore un reste de grandeur.

Les Spartiates, grands dans leur vie, grands dans leur décadence, sont tombés en laissant au monde l'exemple sublime, immortel, d'un peuple héroïque, vertueux, aux mœurs pures.

Quant à nous, notre chute est tellement profonde, qu'il semble qu'elle ne nous ait rien laissé; rien, de la grandeur de nos pères, puisque l'évènement qui l'aura précipitée, nous aura, d'un seul coup, horriblement transformés au physique comme au moral.

CHAPITRE III

DÉCADENCE DU PEUPLE & DE LA NOBLESSE

Décadence de la Grèce ?

Elle est tombée parceque ce peuple resta toujours divisé, et que ses villes ne voulurent jamais s'unir de manière à former un tout puissant état, qui eut tout bravé, et que les Grecs, devenus riches et puissants, oublièrent les vertus qui leur avaient donné cette grandeur : l'amour de la patrie, le respect de soi-même.

L'amour de l'or déprava tout. Dans la Grèce des derniers temps, il n'y avait plus de citoyens, à peine des hommes. On n'estimait plus qu'un mérite, celui de s'enrichir par n'importe quel moyen ; on n'adorait plus qu'un Dieu : le plaisir. « La patrie ! dit un poète de cette triste époque, elle est où on est bien. »

Voilà pourquoi la Macédoine, puis les Romains, eurent si bon marché de ces Grecs dégénérés.   (V. Duruy.)

Pour s'apercevoir de ce profond abaissement de l'esprit humain en France au XIXe siècle, il ne faut pas s'enfermer dans le cercle étroit et dangereux des partis ; il faut les dominer ; et c'est en planant

2

haut, c'est en les réunissant tous sous le même coup-d'œil, que l'on a le désolant spectacle d'un peuple qui se décompose, attaqué, rongé dans son intelligence et dans son cœur.

En vain, désespéré, effrayé par cet affreux tableau, vous invoquez le passé, les grands hommes, les grandes actions de la France ; le fait est là, dans toute sa monstruosité et son horreur ; et toutes ces sublimes images que vous appelez à vous, ne servent, hélas, qu'à mieux vous faire entrevoir la profondeur de l'abîme dans lequel nous sommes tombés.

Descendez au milieu de ce foyer de décomposition morale ; quelles horribles clameurs vous y déchirent.

Partout vous n'entendez que reproches amères.

Ici, c'est le républicain qui, avec véhémence accuse les royalistes, les paysans, la religion, d'être la cause des maux que nous souffrons aujourd'hui ; là, c'est le royaliste, le croyant, qui impute au rictus de Voltaire l'effondrement des principes, le mépris des traditions et qui s'en va prêcher partout, avec les tonnerres du droit divin et les éclairs du mysticisme, que les malheurs qui frappent aujourd'hui la Patrie, sont les commencements de la punition qu'un Dieu courroucé inflige à un peuple impie !

On ne se ménage rien, tout est révélé, démasqué

impitoyablement; les fautes, les trahisons sont misé-
rablement, maladroitement, mis à nu au grand soleil,
on est sans pitié ; on est cruel, mais sans énergie et
sans grandeur : **hier** incrimine aujourd'hui, exhume
son passé et parle avec une voix de fausset d'en continuer toutes les gloires, oubliant que la foi qui les
créa était une foi robuste, qui vivait là où elle doit
vivre, — dans l'âme et non sur les lèvres !

Sans programme défini, sans expérience, sans monument, sans légende historique : **aujourd'hui**,
montant sur le sommet de la science et de la philosophie modernes, repousse brutalement **hier** en lui
montrant l'avenir.

Mais plus retenu qu'il ne le croit par les attaches d'un
passé qui le touche encore de si près, **aujourd'hui**,
ce malingre et sombre enfant d'une révolution sanglante ; les membres déjà brisés, meurtris, des coups
qu'il a reçus en combattant pour faire respecter et
revivre la mémoire de sa mère ; **aujourd'hui!**
tâtonne en cherchant sa voie à travers le monde que
sa naissance a ébranlée ; et lorsqu'il croit l'avoir
trouvée, il tremble, a le vertige : surpris de son
audace, il cherche à se la faire pardonner, et au lieu
de créer, de fonder, il s'empresse de réédifier, tout en
les rapetissant, les monuments que sa colère a détruits.

L'air qui lui donne la vie est lourd, malsain, aussi

sa face est-elle livide, à peine si son œil brille, car les courants mystérieux qui lui permettent de respirer encore, sont des courants ennemis déchaînés par la foi et la libre pensée : pour lutter contre ces deux forces, le tempérament lui manque pour en terrasser une, et s'affranchir définitivement soit de l'étreinte du vieux monde, soit des séductions du nouveau !

Il a si peur de tirer la flamme et le souffle de son propre foyer, qu'à peine né il se réclame déjà d'une tradition, qu'il parodie mieux qu'il ne la continue.

1789 l'accable de son exemple, et l'enchaîne plus qu'il ne le délivre ; aussi semble-t-il rester en place, lui, dont la devise est d'aller en avant.

Le monde anxieux le regarde... et attend, son attitude l'épouvante et le bouleverse, car il se penche sur des abîmes que personne encore n'a osé ou pu franchir : l'on sait bien qu'au-delà se trouve dressée redoutable ou sublime, une mort terrible ou une nouvelle vie.

Mais en attendant que la vérité sorte de ces grands inconnus, comme tout se trouve emporté dans le tourbillon qui s'amasse en ce moment sous nos pieds, c'en est fait, on ne possède plus le langage imposant de nos pères, leurs paroles superbes, enflammées, enthousiastes, frémissantes de sainte colère !

Non! à cela a succédé un langage mesquin, exigé
par la politique la plus étroite, aujourd'hui l'on
remplace les paroles de feu, les éclairs de pensées,
par l'arme favorite du siècle, la seule maintenant
que nous sachions bien manier : la raillerie sans
pitié, le ridicule sans respect même pour le génie!

Oui! signe repoussant de ce siècle, et qui soulève
le cœur d'un insurmontable dégoût, la raillerie, voilà
notre tonnerre, voilà la foudre que l'on se lance
pour s'écraser.

Jadis, sous la Révolution, lorsque Robespierre
parlait à l'assemblée nationale, lorsque Mirabeau et
Danton y tonnaient, pour vaincre leurs adversaires
ils n'employaient pas le langage spirituel et habilement captieux de nos orateurs d'aujourd'hui; ils ne
se tournaient point agréablement en ridicule; non!
car ils avaient d'eux-mêmes une trop grande idée,
ils se voyaient trop imposants pour employer des
armes si misérables; c'est par des traits de flammes
grandioses, sublimes, qu'ils voulaient persuader,
entraîner la nation.

Dans cette grande époque de 1789 partout régnait
le même esprit sublime : foudre à la tribune, foudre
dans la presse, dans l'armée, foudre dans les actions!

Aujourd'hui, ô ombres de Vergniaux, de Danton,
de Carnot et de Hoche, quelle platitude!

Et ce sont là vos fils !...

Jetez les yeux sur cette assemblée nationale, et écoutez, illustres revendicateurs des droits de la Patrie et de la liberté! quelle discussion s'y agite ?

La plus terrible, la plus douloureuse qui puisse assombrir et soulever une grande nation : discuter une paix qui humilie la France, la ruine, la démembre, la désarme, et cherche à lui ôter les moyens de s'en relever jamais !

Ah ! si cette paix vous avait été soumise, à vous vainqueurs de l'Europe coalisée contre la République, comme vous auriez tonné et fait bondir la France de rage et de vengeance ! quel grand souffle patriotique vous auriez déchaîné sur la France menacée !

Quelle tempête vous auriez suscitée contre l'ennemi !

Mais vous n'en étiez pas réduits à cette extrémité.

La victoire, invoquée par vous, écrasa les ennemis de la France et de la liberté ; et ce jour-là vous sauvâtes en même temps votre pays et la civilisation.

Voyez-vous cet orateur monté à la tribune, autrefois son éloquence trouvait des accents superbes lorsqu'il n'avait à parler que de la puissance de la France ;... aujourd'hui, cet orateur qui savait si bien célébrer la gloire et la prospérité de sa patrie, reste sans voix alors qu'elle succombe.... et c'est lui qui vient dans un langage inspiré par la nation qui

agonise, c'est lui, qui vient d'un ton suppliant im=
plorer la paix !

Que sera-ce donc, si vous jetez les yeux sur les
feuilles que la presse, dont le devoir est d'éclairer
le peuple, répand avec profusion?

Quelle ignominie, quelle bave injurieuse, quelle
ironie cruelle y éclatent à chaque ligne; voilà comment elle combat pour et contre la liberté, c'est
ainsi qu'elle se mesure avec le droit et la justice,
c'est ainsi qu'elle réfute les génies !

Ne se sentant plus la force d'ébranler des chênes,
elle rira de ses branches tordues!

Partout enfin le même esprit, à la tribune, chez
le peuple, dans l'armée, partout le dépérissement de
la pensée, le manque de caractère dans les actes!

L'idée et l'énergie chancellent au lieu de se redres-
ser superbes sous le coup d'évènements terribles et
grandioses.

Plus de géants, mais partout des nains qui veulent
les contrefaire.

Aujourd'hui, regardez ces hommes, débris de votre
grandeur.

Entendez-vous les furieuses clameurs de ces législateurs passionnés étouffant la voix de l'illustre poète;
voyez-vous ce vieux guerrier honoré de leurs
ins ultes ?

2

Et ces rires moqueurs, ces cris, ces injures?

Hélas, les quelques voix qui pouvaient encore tonner n'ayant pu se faire entendre , s'exilent volontairement.

La désillusion est partout, les convictions, redoutant le soleil qui les fait briller, s'étiolent et désespèrent ; la virilité elle aussi s'use dans l'ombre, et menace de périr, si l'on tarde plus longtemps de placer sous ses yeux la sanglante image de la Patrie mutilée, avec l'exemple des grandes vertus civiques, qui doivent préparer la vengeance et le triomphe de la liberté.

Et que croyez-vous qu'un pareil peuple laissera au monde?

Quelle sera donc la flamme créatrice qui, sortant de son sein , jettera sur la postérité toute la magnificence de ses sublimes clartés?...

Peut-on espérer qu'il laissera et créera quelque chose, lorsqu'il parait vouloir tout détruire, et courir à l'immortalité en commettant le crime d'Erostrate?

Peut-on croire que s'il est destiné à périr, il saura tomber comme les Romains, lorsqu'on le voit en plein XIXe siècle se livrer à des saturnales babyloniennes sur les ruines de la cité superbe, capitale du monde par les arts et la pensée !

Ah ! si l'on entendait une voix puissante sortir un

jour de cette malheureuse foule, une de ces voix ma-
jestueuses qui commandent le respect et imposent le
silence, et qui s'écrirait :

Cesse, peuple vil, tes cris railleurs, fais trêve
un instant à tes plaisanteries et à tes chants
moqueurs ; écoute un peu le langage d'autrefois, et
rappelle-toi le courage de tes pères !

Tu pâlis, tu t'effrayes, et tu t'apprêtes aussi à
siffler celui qui ose te parler un langage si méprisant ;
va tu n'as plus rien de viril, et tu es profondément
corrompu !

Tu as vicié le sang des vieux Gaulois qui bouillon-
nait dans tes veines ; et maintenant le moindre
souffle qui passe te fait perdre l'équilibre.

Tes pères restaient de marbre, eux, sous les plus
formidables rafales !

Mais toi, quel peuple malingre !

Républicains, royalistes, catholiques et philosophes, cessez pour un instant de vous déchirer, regardez, regardez la mère Patrie, et tendez-vous la main ;
ah ! puissiez-vous bientôt comprendre que tout ce que
vous faites n'est pas plus digne des fils des colosses de
1792, que des descendants des preux héroïques de
la croisade.

Écoutez : républicains, vous sur lesquels la France
fondait ses plus grandes espérances, vous n'avez

donné aucun vigoureux champion à la liberté, aucun tribun au peuple, aucun homme à la Patrie! vous n'avez rien renversé, rien fondé!

Avez-vous pu, conséquents avec le radicalisme de vos principes, vous souvenant des Danton, des Saint-Just, avez-vous pu soutenir le regard perçant du corse, meurtrier de la république? Quel Brutus, quel Caïus est sorti de votre sein, armé d'un fer vengeur, pour délivrer le monde de ce César naissant? Aucun!

Vous avez craint, avouez-le; vous avez eu peur; vous l'avez laissé réussir dans ses projets inouïs d'ambition, qu'il ne pouvait satisfaire qu'en répandant le sang pur des républicains, des volontaires de 1789; sang, qui n'aurait dû couler que pour le triomphe des grandes idées de liberté.

Enfin, quand le despote est tombé sous les coups de l'Europe coalisée, êtes-vous intervenus, avez vous su rappeler au peuple ces merveilles de 1792?

Non! vous vous êtes tû, fils des éloquents et braves Girondins! les fils des austères et farouches Jacobins!

Pourtant, trois jours durant, vous avez donné quelques traces de votre ancienne force; puis.. vous vous êtes rendormis!

Et quand a paru le Néron moderne, qu'avez-vous

fait ? quel Harmodius s'est proposé pour en purger le monde? vous vous taisiez encore.

Et alors, vous avez été lâches, pendant vingt ans durant il a pesé sur vous ; vous vous êtes laissé avilir, battre comme des esclaves , vous , les fils de ces hommes gigantesques.

Enfin ! honte éternelle, l'invasion! l'invasion de 1870! l'avez-vous combattue ? Ah ! si vous l'aviez combattue comme vos pères en 1792... vous l'auriez terrassée, repoussée , mais vous pensiez aux choses vaines lorsque vos pieds étaient dans la boue des champs de bataille et qu'il vous fallait apprendre à vaincre ou à mourir.

Quel Danton prêchant l'audace, quel Carnot organisant la victoire, quel Saint-Just enthousiasmant les armées, quel Hoche gagnant des batailles, quelles armées invincibles avez-vous donc opposées à l'invasion prussienne?

Rien, si ce n'est un génie à la parole de feu , dont la conviction sublime fut noyée au milieu de la désespérance générale ; rien n'est sorti de vous que de vains discours ; et malgré vos bruyantes clameurs et les plus grands souvenirs évoqués, la France fut vaincue, écrasée par l'invasion.

Vous voyez bien que vous n'êtes que des nains , et n'étiez pas de taille à sauver la Patrie !

Et vous, royalistes, descendants des preux des croisades qui arrosèrent de leur sang la terre de la Palestine, descendants de cette héroïque noblesse du moyen-âge qui, tant de fois, vainquit les Anglais oppresseurs de notre sol ; petits-fils des vainqueurs de Fontenoy, avez-vous continué les brillantes traditions de vos pères ?

Avez-vous su conserver intact cet honneur hautain, ce courage superbe qui caractérisait votre vieille chevalerie ?

Vous, les premiers, vous vous êtes corrompus ; vous, les premiers, vous avez corrompu la France.

Vous n'avez plus conservé des grandes vertus de vos pères qu'un faux éclat d'orgueil ; vous avez remplacé leur foi naïve et poétique, par le culte du jésuitisme et tout l'esprit politique qui en est la conséquence ; leur grand courage par des fanfaronnades ; et lorsque la révolution est venue secouer la vieille France, vous avez disparu dans la tempête, laissant seulement pour la braver une poignée de héros ; assez peut-être pour sauver votre honneur, trop peu pour sauver le trône de votre roi ! et tandis qu'ils mouraient, eux ! les murs de Coblentz vous prêtaient leurs ombres.... C'est là, qu'aiguisant vos haines vous lanciez contre la France envahie par l'Europe coalisée ; tout le fiel de vos rancunes et de vos déceptions ?

C'est là que, méprisant le grand avertissement que vous donnait la révolution, vous dédaigniez de faire alliance avec elle, moins parce qu'elle remettait en question votre foi, votre conviction, que parce qu'elle atteignait, sur un sommet que jusqu'alors vous aviez cru inaccessible, votre immense orgueil, et tous les nombreux priviléges qu'il avait enfantés?

A ce moment il vous a plu, dissimulant votre colère mesquine sous le voile de la religion, de ne point vouloir compter avec la marche de l'humanité, de nier ses progrès, et de déclarer à la face du monde féodal—qui ne pouvait qu'applaudir, — qu'en dehors de vos principes et de l'essence divine qui les couronnait, rien n'était possible, rien n'était à faire.

Forts de vos quatorze siècles de servitude et de ténèbres profondes, vous osiez impudemment jeter un tel défi.... à une révolution toute étincelante des lumières de l'Encyclopédie!

Vous osiez, vous, que ces pures lumières pénétraient, vous osiez en nier la chaleur bienfaisante — pensant que la multitude se décomposerait sous l'action de ses rayons!

Comme vous étiez vains et petits de penser que votre être était fait d'une essence supérieure à celle du peuple?

Aussi, comme vous étiez coupables.

3

Comme vous étiez coupables lorsque les secrets
élans de votre cœur vous poussaient à suivre la
révolution, à sauver sa grande idée, sa justice, de
l'étreinte sanglante, que seule lui faisait votre triste
hostilité; comme vous étiez coupables de ne point lui
tendre résolûment la main, et de n'écouter que les
conseils de votre orgueil blessé et de votre égoïsme
alarmé!

Pourtant, plus tard, comme cette révolution tant
dédaignée revenait implacablement sur votre chemin,
vous prites le parti de l'embrasser chaque fois
qu'elle se présenterait devant vous, afin de pouvoir
mieux l'étouffer au moment opportun.

Depuis longtemps, toute la force de votre politique repose sur de tels moyens; Machiavel vous ins-
pire plus que votre patriotisme le triomphe de votre
parti, tout est là... la France vient après.

Il vous a plu de croire que la société ne pouvait
marcher, construire, que sur le terrain préparé par
votre philosophie; d'imaginer qu'une misère incons-
ciente est moins un danger pour votre existence,
qu'une misère instruite pouvant mesurer l'étendue de
ses souffrances.

Il vous a paru nécessaire de maintenir l'ignorance,
de bâillonner l'intelligence dans une certaine limite,
tout cela, dites-vous, dans votre doctrine!

pour contenir les passions humaines et sauver la
société, en mettant hors de son jugement, de son
contrôle, les misères qui la rongent et qu'elle ne
saurait éviter.

Il vous a plu de croire pour votre tranquillité en
ce monde, que vous aviez raison, toujours raison,
et jamais votre esprit aiguillonné par votre cœur n'a
voulu une bonne fois se pencher sur les épouvantables
souffrances qui torturent l'humanité ; tout d'une pièce
vous avez jugé plus simple de les trouver incurables,
afin de vous dispenser d'y porter une main secou-
rable.

Aussi, réfugiés sur ces haûteurs de sombre philosophie — il vous a été permis de vous donner l'ap-
parence d'une conscience, — et de rester impassi-
bles en voyant le peuple à vos pieds, pleurer des
malheurs qui l'accablent.

Enfin, il vous a plu, vous, pauvres mortels, de
vouloir empêcher que le progrès ne parvint jusqu'à
vous, il vous a plu de lui assigner des limites lorsque
le plus faible sentiment pour la justice vous ordonnait
de lui frayer un chemin ; aussi pour vouloir tout contenir, violenter la nature même, heurter peut-être les
desseins de Dieu, vous avez eu à subir dans des journées néfastes les déchainements de grandes tempêtes
populaires.

Au lendemain de ces terribles orages qui avaient ébranlé votre demeure, meurtri votre personne, vous avez, ne pouvant d'un seul coup repousser cette mer encore toute mugissante, jeté dans ce sombre océan — un poison qui doit l'altérer — sinon le dissoudre.... Ce poison — s'appelle le communisme ; poison trouvé par vous pour tuer 1789.

Ne pouvant vaincre votre ennemi, vous voulez qu'il se détruise lui-même, et cet ennemi c'est un monde ; direz-vous encore que c'est par amour de l'humanité que vous agissez ainsi.

Vous, les premiers, vous dis-je, avez corrompu la France !

Comment, vous la noblesse de Clovis, de Charlemagne, de saint Louis, de Louis XI, de François Ier, d'Henri IV et de Louis XIV ! Comment vous êtes-vous inspirés de vos quatorze siècles d'imposantes traditions et de toutes ces figures éblouissantes de foi et de patriotisme ?

Qu'avez-vous su faire, qu'avez-vous su dire, lorsque l'invasion prussienne de 1870.... est venue ravager notre beau pays de France ?

Quel Bayard, quel Duguesclin, quel Catinat avez vous donc donné à la Patrie ?

Avez-vous dans ces journées à jamais funestes pour la gloire de notre pays, avez-vous retrouvé cette

ardeur chevaleresque qui sauva la France monar-
chique sur tant de champs de bataille?

Non, non! c'est qu'en sauvant la France vous sau-
viez la république — noblesse héroïque — votre patriotisme n'allait pas jusque-là.... Vous voyez donc
bien que, vous aussi, vous étiez devenus petits et
vulgaires, et n'étiez plus de taille à sauver la Patrie.

CHAPITRE IV

DÉCADENCE DE LA BOURGEOISIE

> La glorieuse bourgeoisie qui brisa le moyen-âge et fit notre première révolution au XIVe siècle, eût ce caractère particulier d'être une initiation rapide du peuple à la noblesse.
>
> Elle fut moins encore une classe qu'un passage, un degré. Puis ayant fait son œuvre, une noblesse nouvelle et une royauté nouvelle, elle perdit sa mobilité, se stéréotypa, et resta une classe trop souvent ridicule.　　　　(MICHELET.)

Si, depuis longtemps la bourgeoisie ne répétait pas sur tous les tons que la république est bien, à son avis, une forme excellente de gouvernement.... mais.... que pour la fonder une chose manquera probablement

toujonrs : les républicains ! si elle s'obstinait moins
à prononcer d'un air profond cette phrase toute faite
que l'église et la royauté lui apprennent avec tant de
complaisance et d'apparente bonne foi, la république
depuis longtemps déjà gouvernerait la France, et
prouverait à ses ennemis qu'elle peut vivre ailleurs
que dans le cerveau d'es énergumènes et des rêveurs.

Mais la bourgeoisie, qui s'honore de représenter les
aspirations de la société, sinon les plus élevées,
du moins les plus honnêtes, qui se flatte de récon-
cilier la royauté avec la démocratie, qui jouit du
privilége de coudoyer journellement, sans les froisser,
la pauvreté et la richesse ; qui, enfin, pour toutes ces
raisons, semble être désignée pour amener l'union du
peuple avec la noblesse.... la bourgeoisie, qu'elle le
sache bien, a dépassé le but que sa grande situation
au milieu de ces deux classes, lui faisait simplement
un devoir d'atteindre.

Préférer les tempêtes de la liberté au calme de la
servitude, aborder résolûment la question sociale et
l'idée religieuse au point de vue de la vérité, de la
justice, et nullement pour le profit d'une politique
quelconque ; ne pactiser avec aucun parti, qui lui
promettrait de bâtir l'édifice de son repos sur les
ruines de la liberté ; apaiser les malédictions d'en
bas, et tonner contre les mépris d'en haut ; enfin cri-

tiquer avec acharnement les derniers préjugés, en se servant pour les anéantir du langage austère de l'implacable vérité... Telle était, pour la bourgeoisie, la grande et glorieuse mission au sein d'une société dont les plaies hideuses et les éclatantes beautés, venaient d'être brutalement mises à nu par la Révolution de 89!

Mais à sa honte, la bourgeoisie du XIXᵉ siècle est restée sournoisement envieuse des priviléges de l'aristocratie, qu'elle s'obstine quand même à maintenir, dans le secret espoir qu'un jour peut-être... elle pourra en jouir à son tour?

Prenant le masque du libéralisme uniquement par crainte du droit divin, cette tartufe révolutionnaire s'ingéniant à flatter la foule, revendique bien haut 89... et se drape majestueusement dans les immortels principes qu'elle redoute tout autant que ceux de la légitimité.

Hermaphrodite de 89! quelque chose du lion et du renard; elle espère cacher son infirmité sous des vêtements d'emprunt qui lui ont permis jusqu'à ce jour, de circuler partout sans exciter l'étonnement de personne... son ambition c'est de croire qu'elle pourra créer, son erreur de ne pas vouloir comprendre que telle qu'elle est faite elle n'arrivera jamais qu'à mettre au monde un être difforme,

3*

destiné fatalement à périr faute de pouvoir respirer
l'air vif de la liberté, ou bien l'air lourd du despotisme.

Méprisant la place publique aux jours des crises
nationales, la bourgeoisie explique ce dédain en
montrant avec orgueil son foyer qu'elle s'honore de
chérir plus que l'humanité toute entière.... aussi,
trop égoïste pour entreprendre de planter des arbres
qui ne donneraient de l'ombrage qu'à sa génération,
n'a-t-elle jamais compris qu'elle était le principal
agent destructeur de son foyer, de sa religion, pour
n'avoir toujours porté que sur eux seuls, les yeux de
son esprit et de son cœur; le présent l'absorbe à un
tel point qu'elle en est arrivée à considérer l'avenir
sinon comme une chimère, au moins comme une
poésie indigne de fixer un seul instant son attention.

Elle n'a jamais compris que l'esprit conservateur
dont elle se vante tant, n'était tout simplement qu'un
esprit de surface, cachant sous le sérieux de la
forme, la fragilité du fond.

Mais quand donc, ô race moutonnière... Quand
donc, comprendras-tu que tu es condamné à périr,
si tu t'obstines plus longtemps à vouloir vivre chez
toi ; à ne pas mettre en pratique tes devoirs civiques ; à repousser enfin le sublime principe de
solidarité humaine, qui commande à tout homme de

travailler avec orgueil et sans relâche : *au monument de l'avenir ?*

Ah ! si dans ces temps de malheur et d'effondrement moral, alors que la patrie est prête à succomber sous les coups de l'invasion et de ses propres enfants ! si tu pouvais comprendre que ton plus grand ennem c'est toi-même ; si tu voulais, reconnaissant tes fautes sinon tes crimes, convenir, que jusqu'ici tu n'as eu du courage que pour creuser l'abîme d'où sortirent tous nos maux ; le peuple dont tu t'es défié, toucherait au terme de ses misères, et commencerait enfin la grande halte dans le champ fertile de la liberté.

Mais, hélas ! tu te tais, et tes yeux inquiets tournés vers la monarchie, disent trop ce que tes lèvres hésitent encore à prononcer.

Qui dira si c'est l'orgueil, la peur ou l'aveuglement qui t'empêche de tendre la main à la République ? Qui dira ce que l'avenir nous réserve, si cette fois encore tu étouffes la République à son berceau ?

Ah ! n'est-ce pas une effroyable chose que de pouvoir imputer à ta lâche inertie, à ta hideuse passion du lucre, vingt ans d'empire et, comme couronnement à cette honte, les malheurs inouïs qui accablent, détruisent et dévorent Paris ?...

Oseras-tu nier que tu as fuis, au début de la tem-

pête et laissé le champ libre à ceux que tu maudis
aujourd'hui ?

Oseras-tu nier que tu caressais toutes les espérances et trouvais moyen de rester comme un sphinx
devant la révolte et le suffrage universel ; entre
l'illégalité et la légalité ?

Non ! tu ne saurais le nier ! tu ne pourras pas nier
au milieu des bouleversements qui de toutes parts
font craquer l'édifice social, au milieu de l'horrible
nuit qui l'enveloppe, au milieu de l'épouvantement
des âmes qui vont y chercher un abri, tu ne pourras
pas nier que c'est toi qui livras au peuple le poignard
qui tue, la torche qui incendie ; lorsque celui-ci,
abandonné par toi, poussé à tous les désespoirs, con-
vié à toutes les espérances, impose à son pays la guerre
pour la tyrannie, ou l'insurrection pour la liberté !

Va ces luttes, ces crimes qui déshonorent l'humanité, la postérité dira que toi seule les a préparés.

Quoi ! cette désolante méfiance, cette épouvantable dureté de cœur vis-à-vis de tes semblables,
penses-tu donc que tu les auras expliqués, excusés,
en parlant de Dieu avec une pompeuse affectation,
et des hommes avec une pitié dédaigneuse ; comme
s'il était possible que tu puisses croire sincèrement à
l'un, sans croire sincèrement aux autres.

Tu pouvais pourtant être la clef de voûte de l'édifice social, mais par tes défiances et surtout par suite de ton manque de grandeur civique, tu es devenu insensiblement l'idée dissolvante qui le mine et l'ébranle.

Prétendant être la gardienne et l'initiatrice des principes de 89... tu feins effrontément de vouloir encore les propager... jusqu'au jour où tu te sentiras assez puissante pour oser en confier la garde à son plus impitoyable ennemi : la royauté.

Pourrais-tu jurer d'avoir une bonne fois tenté loyalement l'épreuve de la République ? Eus-tu jamais réellement ce courage, qui te laissait l'honneur et te donnait le droit de faire la révolution à ton image, en empêchant par là qu'elle puisse un jour se faire contre toi ?

Va! la plus sanglante critique qui puisse t'être adressée, c'est d'avoir sacrifié au triomphe de ton égoïsme et de ta vanité, les plus belles croyances qui puissent honorer l'humanité.... de t'être fait un horizon de ta boutique, un monde de tes intérêts, de ta religion une politique mesquine, de ton patriotisme une ardeur qui finit là où commence l'attaque de ta propriété, de ta littérature une philosophie prenant naissance à Voltaire pour venir expirer aux *Débats*; de ne connaître que deux traditions : l'une épique et sanglante... l'Homme à la redingote grise; l'autre prosaïque, étincelante d'or, Louis-Philippe, le roi marchand; enfin de n'avoir eu qu'un but.... le comte de Paris.... et qu'une loi que tu as toujours observée religieusement, proverbe inventé par tes pères et cloué au fond de ton cœur avec un pieux respect.... ce proverbe te résume tout entier, il t'éblouit, il est ton phare éclairant en plein ta maigre philosophie, ta petite politique, sur lesquelles le penseur terrifié lit ces mots :

Chacun pour soi.

Ce que tu veux, bourgeoisie du *céleste* empire, c'est un gouvernement aimable, pastichant toutes les formes libérales des gouvernements républicains, à la condition qu'il ne leur empruntera rien de leurs bases fondamentales sur lesquelles repose d'aplomb la véritable liberté !

Ce que tu veux, c'est un gouvernement à ton image avec l'étroitesse de tes vues, n'ayant pour tout horizon politique que le présent, ton plus cher objectif !

Ce que tu veux, ce qu'il te faut, c'est le repos d'un jour, fût-ce au prix de la servitude de ton pays ; le maintien de toutes les superstitions sur lesquelles tu sais spéculer, et de toutes les vanités qui te mettent aux genoux de celui qui sait les satisfaire.

Que t'importe l'avenir, il ne saurait t'épouvanter ! que t'importe si ta mollesse le prépare gros d'orage pour les générations futures.... tout ce que tu peux tenter dans un dernier et suprême effort, c'est de faire des vœux pour tes fils, au-delà tu ne vois plus rien.

Un jour viendra pourtant, inévitablement, inéxorablement, où l'avenir que tu sapes avec tant de persistance pourra non-seulement crouler sur les tiens, mais peut-être sur toi-même.... si tu tardes plus longtemps de donner au peuple que l'ignorance et la misère égarent, l'exemple du désintéressement et de toutes les vertus civiques qui en sont le couronnement.

CHAPITRE V

LES INSTITUTIONS & LES HOMMES

> Les politiques grecs qui vivaient
> dans le gouvernement populaire,
> ne reconnaissaient d'autre force qui
> put les soutenir, que celle de la
> vertu; ceux d'aujourd'hui ne nous
> parlent que de manufacture, de
> commerce, de finance, de richesse
> et de luxe même.
>
> (MONTESQUIEU.)

Lorsqu'une nation se trouve fatalement placée sur la pente de la décadence, il faut bien se garder d'en rejeter uniquement toute la responsabilité sur les institutions qui l'ont régie, et de ne chercher qu'en elles seules la cause déterminante d'une telle chûte.

S'il appartient aux institutions de donner l'élan,

l'impulsion, la loi à tout un peuple et de le placer sans l'en avertir sur une voie où il est condamné à s'avilir et à mourir.... il appartient aux hommes, le jour où ils s'aperçoivent sur quel chemin funeste ils marchent, de dire aux institutions qui les conduisent là : Nous n'irons pas plus loin, ensuite, et c'est là leur plus grand mérite, c'est d'employer toute leur intelligence, tout leur courage à quitter cette route honteuse où chaque pas en avant les rapproche chaque jour de l'abîme.

Les hommes donc, autant et plus que les institutions, ont la faculté de fausser, vicier, changer le tempéramment d'une nation, et par suite le pouvoir de la conduire, de l'entraîner complètement hors de sa voie.

Aussi est-il juste de rendre beaucoup plus responsable de la dégénérescence des mœurs au XIXe siècle, la généralité des hommes que les institutions plus ou moins arbitraires qui ne sont en définitif que l'ouvrage de quelques hommes.

Il faut accuser les institutions d'avoir les premières, sciemment, avec préméditation, préparé, creusé le sombre chemin de la décadence !

Mais il faut encore accuser plus sévèrement le peuple, la nation coupable de s'être laissé glisser avec tant d'abandon et de complaisance sur cette pente maudite, que, sous peine de périr, il lui faut aujourd'hui remonter au prix des plus gigantesques efforts.

Quand la France, étranglée tant de fois par des coups d'Etat, qui pour se justifier et garder le pouvoir, bouleversaient toutes les institutions et en créaient d'arbitraires, uniquement en vue du soin de leur propre sécurité ;

Quand au lendemain de toutes ces iniquités et de toutes les violences qui suivirent, au moment ou un tel spectacle répandait partout la terreur et la haine sans avoir eu le temps, toutefois, d'avilir les âmes...

Comment donc les hommes, qui avaient accepté sur terre la grande et périlleuse mission de venger la justice outragée ; de réveiller chez le peuple, et chez les grands, le sens moral prêt à s'engourdir ; de parler de Dieu avec simplicité et douceur ; de pratiquer les devoirs civiques et toutes les mâles vertus qui s'y rattachent ;

Comment donc, parlèrent, agirent, tous ces hommes, au lendemain de l'accomplissement de ces iniquités, alors que le crime voulait se faire appeler rédemption et qu'il fallait du courage et de la conscience pour le flétrir implacablement.

Hommes, qui vous dites représenter Dieu sur la terre, vous qui devez enseigner et pratiquer les

sublimes doctrines du christianisme ; vous dont la
loi est souffrance, vertu et renoncement à toutes les
vanités de ce monde ; vous qui devez prêcher la con-
corde, la charité, révéler l'imposture et subir toutes
les tortures plutôt que de s'incliner devant elle ;
vous l'exemple incarné de la sagesse, de la morale
humaine et de la justice divine ; vous qui êtes placés
si haut que vous inquiétez, ébranlez, terrifiez
le monde; lorsqu'au lieu de maudire le mal,
vous traitez avec lui pour sauver l'Église; vous
qui pouvez raffermir, enthousiasmer la foi chance-
lante des hommes, lorsque sachant mourir vous volez
au martyre ! vous si puissants, vous qui pouviez
tant, quel Fenélon est venu aux jours du malheur
pleurer sur nos misères, implorer Dieu de nous
sauver, et lancer du haut de la chaire chrétienne
les terribles paroles de vérité qui stigmatisent
devant l'humanité toute entière les fourbes et les
tyrans ?

Où sont vos auréoles, où donc sont vos martyrs ?
Lorsqu'il fallait si peu faire pour en conquérir, si
peu dire pour trouver des bourreaux ?

Avez-vous donné les exemples des saintes vertus
qui font briller la foi de tout l'éclat de sa sublime
beauté ?

Avez-vous, vous les bouches sacrées, attisé les

lueurs de la pensée, qui font l'homme si grand dans la nature et qui, réunies, forment le brillant foyer de la civilisation ?

Dans ces jours de douleur, au moment où la foi se débat contre le doute, lorsque la patrie mutilée pleure à l'ombre de ses ruines ; descendez en vous mêmes, vous, les pasteurs du peuple, et convenez que vous avez eu peur d'accomplir votre sainte mission ! jugez-vous, c'est là votre châtiment.

Et vous, les philosophes, les croyants, les doctrinaires, les déistes, les idéalistes, les socialistes, les politiciens, les moralistes, les pamphlétaires, les libellistes, les folliculaires et les chroniqueurs.

Vous, les écrivains, les scribes de la presse vile ! !

Vous, les faux-penseurs. les faux-croyants !

Vous les Tartuffes des lettres, les faux bonshommes de la presse.

Vous, qui feignez, bouffons cyniques, impudents compilateurs, de continuer l'esprit d'une pléiade d'écrivains qui ont eu en partage le génie, le talent, la science, les convictions et les sentiments que vous n'avez jamais possédés ?

Vous, qui guettez une place dans l'état, et prenez un air profond, un ton sentencieux pour y arriver ;

Vous qui vous faites propres, et savez si bien nettoyer tous les recoins de votre ancienne et misérable existence, le jour où vous voulez devenir des personnalités politiques et suspendre sur les dispensateurs de tous les honneurs, les prétendants à la toute-puissance, votre épée de Damoclès.... offerte à celui qui paie le plus !

Vous, le chantage raffiné, distingué, terrible ;

Vous, la bohême rangée, parvenue ;

Vous, les fruits secs, les songes creux, les échappés de l'université et des séminaires ;

Vous les airs superbes, les attitudes prophétiques, indignées ;

Vous, les Falstafs dans le Cénacle, dans les livres, dans la presse, les plumes apocalyptiques maudissant l'athéïsme et toutes les passions humaines !

Vous, les déclassés aux sombres ambitions ;

Vous les valets, les joueurs de galoubet, les grands et petits thuriféraires de tout ce qui est puissant ;

Vous, les juges, les bourreaux de tout ce qui tombe pour avoir dit la vérité !

Vous, contre ceux qui vous méprisent, vous flétrissent, la meûte de chacals, lâche, cruelle, sans pitié ;

Vous, les gorgés et les repus, les fournisseurs de scandales ;

Vous, les vipères qui sifflent sur les gloires et sur les probités qu'on vous désigne !

Vous, qui savez si bien distiller le venin de la calomnie, répandre partout le fiel de vos colères simulées, lancer l'avertissement anonyme, le trait empoisonné, le ridicule qui tue en faisant rire aux larmes ;

Vous, enfin ! qui flattez si bien avec un égal succès, les beaux esprits et les médiocrités ; qui savez si grâcieusement vous faire pardonner vos délations et vos calomnies, par vos mots spirituels, frappés au coin du bon sens, par votre raillerie fine, incisive, brillante, votre grand ton de bonne compagnie, votre apparente érudition et maigre science, et surtout par la transparence savante d'une amère et grande misanthropie d'où vous faites entrevoir le stoïcisme de vos belles âmes !

C'est vous, valets éhontés qui prostituez vos plumes et vendez vos consciences !

C'est vous, qui étiez chargés du sinistre rôle, de la mission dégradante de trainer sur la claie de votre ignoble prose, aux acclamations et rires d'une foule stupide, les plus belles croyances, les causes les plus justes, le génie, les talents convaincus et les vieilles probités, jusqu'à tant qu'il pouvait vous plaise de le faire.... ou plutôt que l'on vous ai dit.... c'est assez !

A vous donc, race de pieds-plats ;

à vous le crime ;

à vous la honte, d'avoir, avec vos appétits vils et votre triste talent ;

A vous, la honte d'avoir pensé, écrit, agi.... pour dégrader, abêtir et corrompre les hommes.

Presse vile.... trop longtemps, la presse honnête, éclairée, celle qui considère l'art d'écrire comme un glorieux sacerdoce, une périlleuse mission, s'est laissée circonvenir, déborder, épouvanter par tes honteuses manœuvres et toutes tes hypocrisies !

Trop longtemps, son silence à ton égard a passé auprès du public, comme un acquiescement tacite à ta politique infâme, politique dont tout le système repose sur une vaste corruption, et que des écrivains honnêtes ont eu la faiblesse de ne point démasquer en plein soleil alors qu'ils venaient d'en pénétrer l'esprit dissolvant et lâche !

Trop longtemps les esprits droits t'ont dédaignée, et commis la déplorable faute de te considérer dans le monde des lettres comme indigne d'exciter leur colère, encore moins leur critique ; ils ont trop légèrement compté sur le suprême bon sens des masses et sur leur profonde intuition pour faire justice de tes calomnies, ils ont, oubliant que leur devoir est de tout combattre, de tout critiquer, laissé ce péril et cet honneur aux hommes qu'ils avaient mission de défendre, au peuple enfin qui n'était point préparé, taillé, cuirassé pour supporter de telles luttes ; ils n'ont pas cherché à vaincre leur répugnance, à surmonter leur dégoût, lorsqu'il fallait se mesurer avec un adversaire aussi mépri sable que toi , alors qu'il suffisait de t'étreindre une bonne fois pour te terrasser à tout jamais.

Presse honnête, c'est là ta faute, elle est grande ! c'est là ton erreur, elle est désastreuse !

Ton châtiment, aujourd'hui, c'est d'en gémir , de t'en accuser !

Ta gloire, demain, c'est de pouvoir travailler à te les faire pardonner bientôt.

Oui, les temps sont venus où toutes les convictions politiques, toutes les gloires, les talents, les probités littéraires.... doivent entreprendre contre la presse vile, contre la littérature du bas empire, la sublime croisade de la pensée.

Il faut se hâter de purifier l'air de notre pays des miasmes mortels de cette prose corrompue !

C'est là une question d'ordre et de salubrité morale qu'il faut résoudre dès demain, car les esprits étouffent, les cœurs sont oppressés et sont prêts à mourir si la voix de l'éloquente vérité tarde encore d'arriver jusqu'à eux !

Oui, il faut impitoyablement, sans trêve ni merci, chasser la presse vile du domaine de la pensée que sa présence déshonore, que sa parole insulte !

4

C'est là , pour tout écrivain qui tient une plume convaincue et qui sait les devoirs qu'elle lui impose, une question d'honneur qu'il doit faire triompher.

C'est là , pour la fière nation dont la gloire est obscurcie , qui , silencieuse , le cœur plein de larmes, l'œil plein de feu , médite déjà sur les malheurs de la patrie mutilée.... une question d'existence, de liberté et de résurrection nationale !

C'est là, pour le siècle qui verra après tant de corruption , l'épuration de la pensée , et par suite, l'avènement des bonnes mœurs, une question de gloire dont la postérité lui tiendra compte !

Et lorsque la postérité prononcera son arrêt sur les événements et les hommes du XIXᵉ siècle ! considérant et mesurant la grandeur de la tâche à la profondeur de l'abaissement, elle dira que les hommes qui ont pu, après une telle dégradation, relever le sens moral de tout un peuple, avaient un cœur à la hauteur de leur génie, qu'ils étaient grands, sublimes, et qu'ils ont bien mérité de l'humanité.

AUGUSTE DALICHOUX.

Paris, 6 Juin 1871.

LES DERNIÈRES JOURNÉES

D E

METZ LA PUCELLE !

Appréciations de la Presse Messine
sur les évènements

LETTRES PARTICULIÈRES. — DOCUMENTS OFFICIELS

LES DERNIÈRES JOURNÉES

DE

METZ LA PUCELLE !

Appréciations de la Presse Messine
sur les évènements

DOCUMENTS OFFICIELS — LETTRES PARTICULIÈRES

Metz, ce 1er octobre 1870.

LA PATRIE EST EN DANGER !

Dans ce moment d'épreuve, il est du devoir et du droit de
tout citoyen de lui venir en aide et de son bras et de ses conseils. — A l'incurie, aux défaillances doivent succéder la pré-
voyance et l'activité, la vigilance et le courage. — Que chaque
soldat soit doublé d'un citoyen, que chaque citoyen devienne
soldat. La fortune et l'honneur de la France sont à ce prix.

Point de récriminations stériles, point de préférences dynas-
tiques, point de calculs d'intérêt ou d'amour-propre. Qu'il ne
soit question en ce moment que du salut public.

Groupons-nous tous, tant que nous sommes, et ne formons
qu'un faisceau pour protéger notre chère patrie. Ce que chacun
de nous pourrait faire pour une mère, faisons-le tous pour
cette France, notre mère commune si généreuse et loyale,
courbée aujourd'hui, malgré la valeur héroïque de ses enfants,
sous l'humiliation d'une invasion dévastatrice. — Pour arrêter
l'envahisseur dans sa marche orgueilleuse et triomphante, déjà
tout le Midi et l'Ouest accourent; de toutes parts s'organisent

*4

des armées, et bientôt l'investissant ennemi passera à son tour au rôle d'investi. — La ceinture humaine se forme, peut-être est-elle déjà formée : la Belgique et Lille protègent le Nord ; il ne reste que les ouvertures de l'Est vers la Lorraine et l'Alsace. Les coupures une fois faites de ce côté, plus de ravitaillements, plus de communications pour l'orgueilleux potentat qui, enivré de ses triomphes, ne fait plus la guerre aujourd'hui à son prisonnier déchu, mais à Paris, à la nation entière et surtout à la Liberté.

En ce moment même, si les bonnes nouvelles que nous recueillons avec tant de bonheur pouvaient se confirmer, l'avenir d'un retour à la fortune serait déjà devenue le présent et la réalité. C'est l'armée de Metz, dont la page est déjà bien marquée dans l'histoire, qui complétera l'œuvre de salut et purgera définitivement notre sol de ces hordes armées de fer et de torches incendiaires ; vaillante comme elle l'est, pleine d'ardeur, ne demandant qu'à marcher de l'avant, elle s'est mesurée dans maints combats avec un adversaire qu'elle ne redoute pas, tout solide qu'il puisse être et lors même qu'il lui est bien supérieur en nombre. Aujourd'hui qu'il doit être affaibli par les pertes qu'il a éprouvées et les renforts qu'il a dû détacher sur Paris, où nécessairement tous ses efforts et ses forces se concentrent, notre armée le repoussera et dégagera Metz.

L'occasion d'agir est des meilleures.

Une fois dégagée et libre de ses mouvements, notre brave armée, tout en ayant toujours pour point d'appui les forts de notre ville, se portera sur tous les points menacés, harcellera sans relâche l'ennemi, fera la guerre de tirailleurs, au besoin celle de guérillas, en un mot complétera l'œuvre de destruction. Ayons donc confiance et courage. Notre armée sait qu'elle tient en ses mains une partie des destinées de la France, et qu'appelée à s'illustrer dans notre histoire et aux yeux du monde, elle ne faillira pas à cette noble mission.

Quant à nous, gardes nationaux, chargés peut-être d'un moment à l'autre de concourir à la défense de la cité avec nos frères de l'armée, sachons supporter dans ce cas les privations nécessaires pour aider au salut du pays ; et en attendant crions : Vive la France ! ! !

Un Garde national volontaire,

X.

Nous recevons de M. G. Thomas les réflexions suivantes,
que nous insérons volontiers :

Au camp sous Metz, 14 octobre 1870.

SOUS LES MURS DE METZ.

Une armée, qui n'a subi aucun revers, que la misère n'a pas
encore éprouvée, pleine d'enthousiasme et n'attendant qu'une
occasion favorable pour prendre une revanche éclatante de
l'inaction dans laquelle l'a plongée un blocus forcé, existe sous
les murs de Metz.

Ses cavaliers démontés, devenant de solides fantassins,
servent aux avant-postes des pièces de siége ; et remettant le
sabre au fourreau pour prendre gaiement le chassepot, veulent
encore être utiles et rivaliser avec leurs braves camarades de
l'infanterie.

Soldats et citoyens! nous voulons tous chasser l'ennemi
audacieux qui a osé envahir notre territoire.

Nous voulons connaître les privations, nous voulons les
endurer, nous voulons rester dignes de nos aïeux ou de nos
pères, et nous trouvons que nous sommes encore bien loin
d'avoir assez fait pour cela.

Quand le froid aura raidi nos bras! quand la faim aura
amaigri nos membres! quand le corps aura souffert, le cœur
soutiendra notre corps affaibli, et nous resterons toujours
debout pour crier : Vengeance ! pour demander la mort plutôt
que la honte et l'humiliation.

Et vous, habitants d'une héroïque cité, vous justement glorieux de votre ville que l'étranger n'a jamais profanée, vous
souffrirez aussi avec nous, parce que vous êtes Français avant
tout.

Vos nobles et fortes compagnes, qui ont si courageusement
montré leur dévouement à l'armée et au pays, ont foulé aux
pieds tous les intérêts personnels pour venir en pieuses sœurs
de charité apporter des consolations aux blessés, ranimer
les mourants par leurs soins assidus. Ces vaillantes femmes
couronneront leur œuvre de désintéressement en supportant
avec nous les privations.

Metz, cette brave ville qui a donné naissance à tant de grands caractères, aura, par sa persévérance, l'honneur de sauver la patrie !

Elle montrera que rien ne peut l'émouvoir, et comme ses glorieuses sœurs, Strasbourg, Toul, Verdun, Montmédy, Thionville, elle luttera avec toute l'énergie du désespoir ; car elle préférera devenir un monceau de pierres, plutôt que de parer le domaine de l'étranger.

Courage donc et patience !

A bas toutes les mesquines considérations.

A bas toutes les querelles intestines.

Oublions pour le moment nos vieilles rancunes.

Que tous les partis s'unissent pour la cause commune et profèrent tous ensemble le seul cri à présent national :

VIVE LA FRANCE !

Commandant G. Thomas.

Journal de Metz.

Rédacteur en chef : Albert Collignon.

———

L'Indépendant de la Moselle.

15 octobre 1870.

Extrait des règlements militaires.

RESPONSABILITÉ DES COMMANDANTS DE PLACE.

Les lois militaires condamnent à la peine capitale tout commandant qui livre sa place sans avoir forcé l'assiégeant à passer par les travaux lents et successifs des sièges, et avant d'avoir repoussé au moins un assaut au corps de la place sur des brèches praticables.

Dans la capitulation, le commandant ne se sépare jamais de ses officiers ni de ses troupes ; il partage le sort de la garnison, après comme pendant le siège ; il ne s'occupe que d'améliorer la situation des soldats, des malades et des blessés, pour lesquels il stipule toutes les clauses d'exception et de faveur qui lui est possible d'obtenir.

Tout commandant qui a perdu une place est tenu de justifier sa conduite devant un conseil d'enquête.

———

Hier, sur la place d'Armes, on a pavoisé d'un drapeau la statue du maréchal Fabert et on a posé sur sa tête une couronne d'immortelles.

Nous reproduisons ici les paroles adressées par l'illustre Fabert à Louis XIV, et qui sont inscrites sur sa statue à Metz :

SI POUR EMPÊCHER QU'UNE PLACE
QUE LE ROI M'A CONFIÉE
NE TOMBAT AU POUVOIR DE L'ENNEMI
IL FALLAIT METTRE A LA BRÈCHE
MA PERSONNE, MA FAMILLE ET TOUT MON BIEN
JE NE BALANCERAIS PAS UN MOMENT A LE FAIRE.

———

LA MANIFESTATION DU 13 OCTOBRE

Tout était sombre dans les rues de la ville. La lune, voilée par les nuages, ne remplaçait plus le gaz qu'il faut épargner. Le couvre-feu tintait à la cathédrale. Quelques groupes venaient de la place d'Armes, d'autres, plus compacts, marchaient dans sa direction. Devant l'hôtel de ville, un grand nombre de citoyens étaient là, cheminant et causant avec animation. On se reconnaissait à la voix, à peine pouvait-on se distinguer parmi les silhouettes noires, errant devant les soldats armés et faisant la haie. Soudain, le péristyle de l'hôtel de ville s'illumine; quelques hommes, portant des lampes, descendent le large escalier de pierre, au milieu d'eux, on aperçoit le maire, entouré des membres du Conseil municipal.

Les grilles étaient fermées, on les ouvre; la foule se précipite dans l'intérieur du monument; le maire, tête nue, se tient debout sur les premières marches et domine l'assemblée. Chacun se découvre, le moment est solennel, ce vieillard est le représentant d'une noble cité, anxieuse et frémissante, il va parler en son nom, dire ce qu'elle exige !...

En ce moment, l'horloge sonne dix heures; il y a là mille citoyens réunis, des officiers, des habitants, des gardes nationaux en tenue, chacun fait silence. Le timbre d'airain a cessé de résonner. Le maire, d'une voix forte, lit une mâle délibération des édiles de Metz... Nous la publierons en entier, j'espère... il faut la relire, il faut que nos neveux et nos petits-neveux la connaissent et ne l'oublient jamais. On dira dans l'avenir ce que fut la capitale de la Lorraine aux jours du deuil et du danger.

Aujourd'hui, nous avons déclaré ce que nous sommes et ce que nous voulons être... Français... Nous rendre, jamais !... Souffrir, mourir, oui !... Et s'il nous arrivait de succomber comme ville, qu'on puisse dire au moins, à ceux qui survivront, comme hommes : Vous avez été malheureux, mais le monde s'incline devant les vaincus quand ils ont su se montrer des héros !

Voilà ce que le premier magistrat municipal de Metz a été chargé de *déclarer* au général commandant la place, qui aura été prié lui-même de transmettre ces patriotiques résolutions au maréchal Bazaine, au chef suprême de notre brave armée :

« Monsieur le Général,

« La démarche faite auprès de vous par les officiers de la » garde nationale a été inspirée par leur sérieuse résolution » de s'associer énergiquement à la défense de la ville.

« La garnison, à qui appartient cette défense, peut compter » sur l'ardent concours d'une population incapable de faiblesse, » quoi qu'il arrive.

« Les communs efforts de l'une et de l'autre garderont jus-» qu'aux dernières extrémités, à la France sa principale for-» teresse, et aux Messins une nationalité, à laquelle ils » tiennent comme à leur bien le plus cher.

» Le Conseil municipal se fait l'interprète de la cité tout » entière, il ne peut se défendre d'exprimer son douloureux » étonnement de la tardive connaissance qui lui est donnée » par votre lettre de ce jour seulement des ressources en sub-» sistances sur lesquelles le commandant supérieur peut » compter pour assurer la défense de la place.

» La population en subira néanmoins les conséquences » avec courage ; elle ne veut, sous aucune forme, assumer la » responsabilité d'une situation qu'il ne lui a pas été donné » de connaître ni de prévenir.

« Nous vous prions, Monsieur le Général, de faire parvenir
« à Monsieur le maréchal Bazaine cette expression de nos
« sentiments. Ils se résument dans le cri de :

« VIVE LA FRANCE ! »

On s'est séparé aux cris de : *Vive la France !*

Une adresse toute confraternelle, à l'armée du maréchal
Bazaine, se signe en ce moment dans la garde nationale de
Metz qui fait, à partir de ce jour, le service des portes de la
ville et celui des forts, conjointement avec l'armée.

Nous arrêtons notre tirage pour publier cette adresse :

A nos frères de l'armée,

Les citoyens et gardes nationaux de la ville de Metz, inspirés
par les nobles résolutions du Conseil municipal, viennent vous
offrir leur concours pour défendre l'indépendance de la patrie
menacée. Ils sont convaincus que vous accueillerez avec
bonheur cette démarche, et que vous résisterez avec nous à
toute idée de capitulation.

L'honneur de la France et du drapeau, que vous avez toujours défendu avec une invincible vaillance, la gloire de notre
cité, vierge de toute souillure, nos obligations envers la postérité, nous imposent l'impérieux devoir de mourir plutôt que
de renoncer à l'intégrité de notre territoire.

Nous verserons avec vous la dernière goutte de notre sang,
nous partagerons avec vous notre dernier morceau de pain.

Levons-nous comme un seul homme, la victoire est à nous.

Vivent nos frères de l'armée ! vive la France une et indi-
visible !

(Suivent les signatures des citoyens
et des gardes nationaux).

———

Journal le Vœu national
15 octobre 1870.

Dans la crise que nous traversons, Metz doit rester fidèle à
son glorieux passé. Il n'y a qu'une seule voix dans la ville pour
demander que la résistance à l'ennemi soit poussée jusqu'à ses
plus extrêmes limites. La France compte sur notre cité vierge,
comme nous comptons sur la France. C'est un contrat que la

force seule peut déchirer, mais non anéantir. Sachons du moins le défendre avec la ténacité et le courage des cœurs indomptables. Avec lui nous sauverons ce qui nous est le plus cher : notre dignité, notre honneur et notre nationalité Comment hésiter en présence de si grands intérêts? Aussi, l'hésitation n'est nulle part, la résolution virile est partout. Mais la constance dans le péril ne suffit pas, il faut des moyens matériels de défense. Ce que la puissance des armes n'obtient pas, le manque des ressources alimentaires peut l'accomplir. Ménageons celles qui nous restent, car elles peuvent être l'instrument de notre délivrance. Pendant une guerre comme celle qui nous est faite, une semaine peut nous amener de grands changements. Sachons nous imposer des privations qui peuvent nous préserver des regrets et des remords patriotiques. Notre destinée sera celle que nous nous ferons. Il faut que devant l'histoire nous puissions dire que nous avons résisté jusqu'au bout à l'envahisseur; il faut que nous puissions répondre à nos enfants qui nous demanderons compte d'un héritage sacré, que nous avons tout fait pour le remettre intact entre leurs mains!

Le Rédacteur en chef, VAILLANT.

L'Indépendant de la Moselle.

Rédacteur en chef : J. MAYER.

20 octobre 1870.

De graves nouvelles circulent à Metz; on parle de négociations, de conventions. Nous ne pouvons ni les confirmer, ni les démentir. C'est au maréchal Bazaine à vouloir bien nous faire connaître la situation par un nouveau *communiqué*, que la population attend avec impatience.

Quoiqu'il advienne, le devoir de notre ville reste le même. Nous unir tous, pour résister à la domination prussienne, jusqu'à la dernière cartouche et jusqu'au dernier morceau de pain.

ED. MAYER.

LETTRES DE MARIUS

LE 3ᵉ ZOUAVES A SEDAN

Ils ont dit : NON, ceux-là, les fils du vieux désert,
Léviathans nouveaux surgis dens la tempête,
Et leur bouche a souri, dans cette sombre fête,
D'un sourire de foi, hautain, sinistre, amer !

Ils ont dit : NON ; debout dans cette défaillance,
Chargeant de leur mépris la foule qui s'abat,
Ils se sont élancés, drapés dans leur vaillance,
Comme avec ses hussards savait fondre Murat.

. . . .
. . . .

Non, mieux valait l'exil et mieux valait la honte,
Mieux valait à Cassel aller pleurer tout bas,
Que de saisir la mort, cette fleur des combats,
En opposant son corps au flot sombre qui monte !

Ceux-là sont les martyrs ; . . . .
Sur ces fronts, couronnés de leur noble agonie,
Mets ta main qui bénit, France ! et puis du fourreau
Arrache donc leur lame, encor de sang brunie !

Metz, 16 octobre 1870.   MARIUS.

———

Le Courrier de la Moselle
20 octobre 1870.

LA SITUATION

Où en sommes-nous ? Que devons-nous espérer ? Que devons-nous craindre ? Les bruits les plus insensés, les nouvelles les plus désespérantes circulent depuis hier dans la ville et dans les camps. Quelle en est la source ? Sans doute, elle est la même que celle à qui nous devions cette autre nouvelle démentie que Paris était livré au pillage. Quelle confiance devons-nous avoir dans ces nouvelles ? Aucune. Résumons un peu ce qui circule.

L'anarchie la plus complète régnerait en France où seraient
établis cinq ou six gouvernements, entr'autres à Lyon et à
Marseille ; la Vendée et la Bretagne se seraient insurgées,
l'Italie prendrait parti contre nous en réclamant la Savoie,
Nice et la Corse. Autant d'erreurs !

Si quelqu'un est intéressé à répandre ces nouvelles, ce sont
les Prussiens, et que disent les journaux prussiens ? Ils nous
apprennent que la France entière est soulevée, non contre le
gouvernement provisoire, mais contre l'étranger qu'elle veut
chasser de son territoire. Lyon a adhéré au nouveau gouvernement et a chassé le général Cluseret qui cherchait à fomen-
ter la discorde, les Bretons sont arrivés en masse vers Paris
pour défendre le pays. Les chemins de fer sont coupés, les
paysans sont en armes sur tous les points, tout va bien au
point de vue de la défense, écrit J. Favre ; enfin la Consti-
tuante doit se réunir le 20.

Que devons-nous faire dans ces circonstances ? résister jusqu'à ce que nous n'ayons plus rien, mais repousser toute idée
de capitulation. Des amis veillent près de nous ; la canonnade
de l'autre jour n'a pas encore été expliquée d'une façon satis-
faisante ; les envois de porcs, de moutons, de bœufs trouvés à
la digue de Longueville ; les bouteilles cachetées qui ont été
vues dans la Moselle et qui sans doute nous apportent des
nouvelles, tous ces faits prouvent que nous devons espérer et
que nous approchons du moment de la délivrance.

Les Prussiens, comme nous, en ont assez ; ils sentent que
la mauvaise saison arrive à grands pas et qu'elle leur sera
fatale ; ils sentent que leurs familles sont dans la misère et
qu'il est temps que le retour s'effectue.

Nous aurons patienté deux mois, tâchons encore d'attendre ;
au prix de quelques jours de souffrance, nous aurons sauvé le
pays ; c'est aujourd'hui qu'il faut montrer ce dont nous sommes
capables pour obtenir le salut de la France, c'est-à-dire l'ex-
pulsion de l'armée prussienne.

Le Rédacteur, E. RÉAU.

L'Indépendant de la Moselle
23 octobre 1870.

Les perquisitions à domicile pour la recherche des grains
s'achèvent, les blés sont conduits au moulin des Onze-Tour-

nants, et les farines mises en dépôt à l'hospice Saint-Nicolas. Le travail de distribution des cartes pour les fournitures de pain par les boulangers est d'ailleurs terminé depuis hier.

——— ——

Le Conseil municipal de Metz a décidé que chaque jour les procès-verbaux de ses séances seraient adressés aux journaux. Nous croyons inopportun de publier celui de la séance d'hier, relative, comme les précédentes, à la question des vivres.

———

L'Indépendant de la Moselle.
28 octobre 1870.

UN MESSIN A SES CONCITOYENS

. . . .
Les grès avec effort de la terre arrachés,
    Sont des boulets pour sa colère,
Et, soldats comme nous, nos femmes et nos
                                    [sœurs]
    Font pleuvoir sur les oppresseurs
    Cette mitraille populaire.

Casimir DELAVIGNE.

Des alarmistes, des gens sans aveu, continuent à répandre dans Metz les plus fâcheuses nouvelles.

Cette partie malsaine de la population doit être l'objet du mépris de tous.

Que ceux qui parlent de reddition, de capitulation, de démembrement, nous délivrent de leur présence, les portes de la ville leur sont ouvertes ; plaignons ces malheureux, car ils ont perdu leur qualité de Français.

Metz, le boulevard de la France ; Metz, l'invincible, Metz, la pucelle, doit tenir et tiendra.

Nos ressources en vivres sont encore relativement considérables ; nous mangerons du pain d'avoine, du pain d'orge, du son et de la paille, mais nous ne nous rendrons pas.

Citoyens, la France vous supplie, elle vous ordonne de mourir pour elle, pour sa liberté.

Montrons dans nos désastres, à l'Europe étonnée et craintive, ce que l'amour de la patrie peut enfanter de ressources, ce que le sentiment national peut déployer de courage.

Faisons oublier par notre patriotisme, sans limites, l'humiliante reddition de Sedan.

La capitulation de Sedan, a écrit le général Pellé, est une honte pour tout un peuple; il a refusé de la signer.

Le régiment de zouaves, en colonnes serrées, se frayant un passage dans les lignes prussiennes, donne raison aux paroles énergiques et sévères du général. Ce sublime régiment a bien mérité de la patrie, il s'est couvert d'une gloire immortelle en montrant le chemin à une armée française courbant la tête sous les aigles prussiennes, à la voix de ses généraux.

Ah !!! citoyens, mon cœur se serre à ce souvenir néfaste. Non !!! la capitulation de Sedan n'est une honte ni pour le peuple, ni pour l'armée; la lourde responsabilité de cet acte inqualifiable, retombera sur les hommes qui, aux termes de l'article 3 de la capitulation, ont livré à l'ennemi les armes, le matériel, les drapeaux, les aigles, les canons et les munitions de la France quand ils pouvaient imiter les zouaves.

Jetons un voile de deuil sur ce passé douloureux, sur cette triste page de notre histoire, les coupables seront jugés par le pays, et la postérité ratifiera le jugement, quelque sévère qu'il soit.

Citoyens de Metz, montrons-nous grands dans le malheur; l'adversité, au lieu d'abattre les grandes âmes, les élève encore, s'il est possible. Pour la cause que nous défendons, tout doit être sacrifié : amour, famille, fortune, tout, enfin, appartient à la patrie.

Serrons nos rangs, rallions-nous au gouvernement de la défense nationale, reconnu à Metz; les hommes qui le composent sont honnêtes, justes et énergiques, le souffle révolutionnaire de 1792 anime tous ces grands cœurs.

Habitants des campagnes, demandez des armes et des cartouches à l'autorité et mêlez-vous dans nos rangs; vous combattrez à la lueur de l'incendie qui devore vos villages, vous vengerez les berceaux de vos enfants et les champs de vos ancêtres souillés par l'étranger; aux armes !!! que tout le monde soit présent au premier signal !

Que faut-il pour sauver la Patrie, disait un tribun célèbre, de cette voix tonnante qui poussait les volontaires vers la frontière envahie par ces mêmes Prussiens, que faut-il pour sauver la Patrie ? De l'audace, encore de l'audace, toujours de l'audace.

Braves Messins, cette audace, nous la possédons ; ajoutons-y la constance, la résignation ; supportons avec courage les privations qu'un long blocus nous impose, le pays nous tiendra compte de nos efforts, et bientôt ces hordes barbares, anéanties, brisées par nos armées, fuiront épouvantées et délivreront à jamais la France de leur odieuse présence.

Oui, certes, nous espérons bientôt pouvoir dérober nos blessures en les cachant sous des drapeaux prussiens.

Un Messin.

Metz, le 22 octobre 1870.

—

Moniteur de la Moselle.
27 octobre 1870.

DERNIÈRES NOUVELLES

Une désastreuse nouvelle s'est répandue hier dans la journée.

On a appris que les négociations entamées entre l'armée devant Metz et celle du prince Frédéric-Charles avaient abouti à cette triste conclusion, que nos soldats, épuisés de faim et de fatigue, se rendaient à l'armée prussienne.

On ajoutait que la ville pourrait être comprise dans cette capitulation.

A quatre heures du soir, le Conseil municipal a tenu sa séance quotidienne à laquelle se sont rendus M. le général Coffinières et M. le Préfet de la Moselle.

Le compte-rendu de cette séance ne nous est pas parvenu ; il ne sera, dit-on, communiqué aux journaux qu'après autorisation spéciale de la mairie.

Voici néanmoins ce qui aurait transpiré de cette séance.

M. le général Coffinières a exposé que l'approvisionnement de la ville ne comporte plus que pour trois jours de vivres ; que l'armée du maréchal Bazaine se trouvant dans la nécessité absolue de capituler, la ville était fatalement entraînée au même résultat ; que d'ailleurs une prolongation de défense ne pourrait qu'aggraver les conditions qui seront imposées à la ville.

Le conseil municipal aurait demandé alors que M. le général Coffinières exposât cette situation dans une proclamation
à la population de Metz. Le général aurait adhéré à cette
propositiou.

La proclamation sera, dit-on, affichée dans la journée.

En présence d'une aussi terrible catastrophe, nous n'avons
ni la force ni le courage de dire un mot de plus.....

Metz, 27 octobre 1870.

Le Gérant, E. GRÉFF.

Metz, 27 octobre 1870.

LA PAIX

Toujours même situation, même incertitude sur ce qui se
passe, même anxiété sur ce qui nous attend.

On parle de paix, mais reste à savoir à quelles conditions.

Si ces conditions sont raisonnables, pourquoi ne les admet-
trions-nous pas ?

De l'argent,..... soit; mais qu'on ne nous demande pas la
moindre parcelle de notre territoire, car alors nous serions
intraitables. Si, parce que nos ennemis sont plus nombreux,
ils devaient nous écraser, ce ne serait plus que sur des ruines
qu'ils nous imposeraient leur loi.

Si la France consentait à traiter et qu'elle le fît à des conditions acceptables, nous n'aurions pas à craindre que notre
honneur national en fût le moins du monde entaché, car nos
soldats ont été admirables d'héroïsme. L'histoire leur rendra
cette justice que, dans tous les combats de cette guerre achar-
née, ils ont justifié leur réputation proverbiale.

Quant à la ville de Metz, l'esprit de sa population et l'énergie
de sa garde nationale sont un sûr garant qu'elle ne cédera
qu'à une nécessité invincible, la famine, et que là aussi, l'honneur sera sauf.

L'Indépendant de la Moselle
28 octobre 1870.

CONSEIL MUNICIPAL DE METZ
Séance du 26 octobre 1870.

En réponse à la délibération transmise hier à M. le maréchal Bazaine, le Conseil a reçu, à l'entrée de la séance de ce jour, une douloureuse communication qui sera portée demain par M. le général Coffinières, à la connaissance de tous nos concitoyens.

Il résulte de cette communication que l'armée assiégeante a refusé tout traité qui ne comprendrait pas, à la fois, l'Armée et la Place de Metz; et que M. le général, en présence de l'épuisement des vivres, et sur l'ordre du maréchal, a dû subir cette solidarité.

Le Conseil a entendu avec la plus profonde tristesse cette irrévocable décision de l'autorité militaire, et a reçu, en même temps l'assurance que les personnes et les propriétés des habitants seraient, en tout cas, l'objet de la sollicitude du Commandant supérieur de la Place.

METZ EN DEUIL

Le terrible mot de *Capitulation*, si malsonnant pour une oreille française, retentit depuis deux jours dans notre ville. Il n'est malheureusement que trop vrai; ce bruit que nous écartions hier encore avec indignation, a pris de la consistance et Metz la Pucelle verra pour la première fois de sa vie l'ennemi passer sous ses portes et pénétrer dans ses murs.

La fière cité qui, en 1815, après la capitulation de Paris, construisit un pont sur la Moselle, en-dehors de la ville, plutôt que de laisser l'armée alliée passer dans l'enceinte de ses remparts, entendra le pas des chevaux et la crosse des fusils ennemis résonner sur son pavé. Ombre de Fabert, de quel œil contempleras-tu l'humiliation de ta ville chérie, et nous, oserons-nous lever encore nos regards vers ta statue symbole du patriotisme le plus ardent !

Oui, nous sommes encore dignes de toi, dignes de vous, ô nos pères de 1792, qui alliez en sabots défendre la patrie outragée et verser votre sang pour la *Liberté* et les *Droits de l'Homme.*

Ce n'est pas nous qui capitulons, car avant de voir l'ennemi dans nos murs, nous comptions lui faire un rempart de nos cadavres et le forcer d'enjamber cette barricade sanglante avant de chanter victoire sur nos places publiques. Mais notre volonté a été enchaînée, notre force brisée, notre courage enrayé, et quand on nous a vus impuissants et réduits à l'inaction, on est venu sonner le glas funèbre de la patrie à nos oreilles.

L'histoire un jour dira :

Il fut une ville, protégée par des forts, hérissée de canons, remplie d'une population mâle et virile; ses remparts étaient entiers ; pas de traces des projectiles ennemis, nul bombardement, nul assaut, nulle tranchée ouverte ; nulle parallèle, pas l'ombre d'un siége. Et cette ville vit l'ennemi entrer en vainqueur dans ses murs.

Mais l'histoire aussi dira qui a fait son devoir, et de son burin d'acier, elle stigmatisera en termes ineffaçables ceux sur la tête desquels doit retomber cette lourde responsabilité.

C'est devant ce tribunal que nous les attendons.

PROCLAMATION.

—

Habitants de Metz,

Il est de mon devoir de vous faire connaître loyalement notre situation, bien persuadé que vos âmes viriles et courageuses seront à la hauteur de ces graves circonstances.

Autour de nous est une armée qui n'a jamais été vaincue et qui s'est montrée aussi ferme devant le feu de l'ennemi que devant les plus rudes épreuves. Cette armée, interposée entre la ville et l'assiégeant, nous a permis de mettre nos forts en état de défense, et de monter sur nos remparts plus de 600 pièces de canon; enfin, elle a tenu en échec plus de 200,000 hommes.

Dans la place, nous avons une population pleine d'énergie et de patriotisme, bien décidée à se défendre jusqu'à la dernière extrémité.

Si nous avions du pain, cette situation serait parfaitement rassurante ; malheureusement, il n'en est point ainsi.

J'ai déjà fait connaître au Conseil municipal que, malgré la réduction des rations, malgré les perquisitions faites par les autorités civiles et militaires, nous n'avions de vivres assurés que jusqu'au 28 octobre.

De plus, notre brave armée, déjà si éprouvée par le feu de l'ennemi, puisque 42,000 hommes en ont subi les atteintes, souffre horriblement de l'inclémence exceptionnelle de la saison et des privations de toutes sortes. Le Conseil de guerre a constaté ces faits, et M. le maréchal commandant en chef a donné l'ordre formel, comme il en a le droit, de verser une partie de nos ressources à l'armée.

Cependant, grâce à nos économies, nous pouvons résister encore jusqu'au 30 courant, et notre situation ne se trouve pas sensiblement modifiée.

Jamais dans les fastes militaires une place de guerre n'a résisté jusqu'à un épuisement aussi complet de ses ressources, et n'a été aussi encombrée de blessés et de malades.

Nous sommes donc condamnés à succomber, mais ce sera avec honneur, et nous ne serons vaincus que par la faim.

L'ennemi, qui nous investit péniblement depuis plus de 70 jours, sait qu'il est près d'atteindre le but de ses efforts ; il demande la place et l'armée, et n'admet pas la séparation de ces deux intérêts. Quatre ou cinq jours de résistance désespérée n'auraient d'autre résultat que d'aggraver la situation des habitants. Tous peuvent d'ailleurs être bien convaincus que leurs intérêts privés seront défendus avec la plus vive sollicitude.

Sachons supporter stoïquement cette grande infortune et conservons le ferme espoir que Metz, cette grande et patriotique cité, restera à la France.

Metz, le 27 octobre 1870.

Le Général commandant supérieur,

F. COFFINIÈRES.

———

Il se signe parmi la garde nationale de Metz, une adresse au Maire et au Conseil municipal qui commence en ces termes :

5*

« Des bruits de capitulation de Metz circulent dans notre ville, la garde nationale se déclare péniblement affectée par ces bruits qu'elle aime à croire mal fondés.

» La garde nationale espère que cette capitulation n'a pas été signée, surtout sans conditions, comme on l'annonce ; et elle offre toujours son concours à l'armée pour continuer une défense même désespérée. »

LE CODE ET LA CAPITULATION

L'article 209 du nouveau Code de justice militaire, promulgué le 9 juin 1857, punit « de mort, avec dégradation militaire, tout gouverneur ou commandant qui, mis en jugement après avis d'un conseil d'enquête, est reconnu coupable d'avoir capitulé avec l'ennemi et rendu la place qui lui était confiée, sans avoir épuisé tous les moyens de défense dont il disposait et sans avoir fait tout ce que prescrivaient le devoir et l'honneur. » L'article 210 du même Code ajoute : « Tout général, tout commandant d'une troupe armée qui capitule en rase campagne est puni : 1° de la peine de mort avec dégradation militaire, si la capitulation a eu pour résultat de faire poser les armes à sa troupe, ou si, avant de traiter verbalement ou par écrit, il n'a pas fait tout ce que lui prescrivaient le devoir et l'honneur ; 2° de la destitution dans tous les autres cas. » Cette destitution ne peut être prononcée que par un conseil de guerre. D'ailleurs l'officier ne peut être poursuivi que sur l'ordre du ministre de la guerre. Selon M. Coulaux, « qui dit capituler dit traiter ; or, le souverain seul a le droit et le pouvoir de traiter. Donc un général, un commandant de troupe armée qui traite, outrepasse ses pouvoirs et commet une usurpation. On comprend une dérogation à ce principe lorsqu'il s'agit d'une forteresse, parce que, dans ce cas, il y a possibilité de déterminer d'une manière précise les conditions et les circonstances dans lesquelles la capitulation est autorisée : il faut que la brèche soit ouverte, que des assauts aient eu lieu, que des retranchements intérieurs aient été construits, que les communications aient été interceptées et les munitions épuisées ; mais rien de tout cela n'a lieu en rase campagne. Là on ne peut pas fixer en quelque sorte d'avance le jour et l'heure où la capitulation aura lieu. En rase campagne, le devoir du général est de combattre, de défendre jusqu'à la mort le poste qui lui a été confié et de la conservation duquel peut dépendre le sort de l'armée entière. Il doit donc être admis en principe que, dans tous les cas, la capitulation en rase campagne est défendue comme une usurpation de pouvoirs. Selon le colonel Reguis, le fait de capituler en rase campagne doit être puni avec sévérité; cependant, il faudrait s'entendre sur ce qu'on appelle capitulation en rase campagne. A la guerre, il y a de telles positions, occupées par un corps d'armée, où il ne peut être considéré comme étant en rase campagne, quoiqu'il ne soit pas dans des lignes fortifiées, dans une ville par exemple. Il y a en outre des capitulations qui sont désastreuses, comme celle de Baylen, par exemple; mais il y en a d'autres qui sont excusables, comme celle de Junot à Cintra où, après une défaite, ce général obtint que son corps d'armée serait transporté en France et aurait le droit de reprendre immédiatement part à la guerre. » Il n'en reste pas moins reconnu comme règle que toute capitulation en rase campagne est interdite. « Un général, dit le comte de Chasseloup-Laubat, est en campagne pour combattre et non pour traiter. Le commandant du corps qui capitule stipule des avantages pour lui-même et pour le corps particulier placé sous ses ordres, mais c'est au détriment du reste de l'armée qui combat à ses côtés. Quelquefois une capitulation isolée a entraîné la perte de toute une campagne. On dit qu'il peut y avoir des capitulations heureuses, mais presque toujours les capitulations sont désastreuses, car il est très-rare que l'ennemi remplisse les conditions qu'il a accordées. Un général, entouré par des forces supérieures, doit faire pour se défendre tout ce que commande l'honneur; mais lorsqu'il a rempli son devoir militaire, il peut se rendre lui seul prisonnier. C'est là un fait fort différent de la capitulation. La capitulation compromet le reste de l'armée; le général qui se rend lui-même prisonnier peut, au contraire, sauver ses soldats, qui parviennent quelquefois presque tous à rejoindre d'autres corps. C'est ce qui est arrivé après l'affaire de Dresde. C'est ce qui n'est pas arrivé à Baylen, où le général Dupont capitula, non pas pour lui seul, mais pour l'armée entière, même pour un corps qui n'était pas compris dans les lignes cernées par l'ennemi. »

Metz, le 26 octobre 1870.

Les faits dominent tellement les paroles qu'il semble oiseux d'en formuler, cependant il est peut-être utile de jeter un coup d'œil sur une des principales causes qui ont amené nos malheurs et paralysé la défense du Pays, en laissant notre armée ordinaire seule aux prises avec un ennemi préparé de longue date à cette lutte inégale et dont le nombre écrasant a déterminé le succès. Le mal, c'est l'affreuse corruption qui nous ronge depuis vingt ans et a gangrené les cœurs de la plaie la plus horrible, l'égoïsme. Gagner de l'argent à tout prix, en faire son culte et sa foi. Méconnaître et ridiculiser le côté moral de la vie pour n'y voir que le seul côté matériel, tel est le but coupable qu'on a livré aux appétits de la foule et dont nous recueillons le triste heritage Pour conquérir la fortune quand même, pour assouvir nos convoitises, tout est devenu bon. L'intrigue a dominé le mérite, la faveur le droit, et pour qui n'avait pas de protection ou la souplesse de la conscience, l'avenir semblait fermé. A cette marée montante du scandale impuni, à ce régime écœurant, à cet entraînement désordonné vers les richesses, les places, les honneurs, l'esprit public s'est corrompu, les caractères se sont détruits, le sentiment national du Français s'est faussé, sa générosité s'est éteinte, l'égoïsme l'a saisie, et la Nation affaiblie par la mollesse, mal préparée aux revers, a paru s'effondrer. Courtisaneries, platitudes, nullités recouvertes d'or, perfidies d'argent et de salon, consciences vendues, qu'avez-vous fait ? Peste infernale, vous cachiez la ruine sous vos factices grandeurs. Vous avez empoisonné la source de la solidarité française. Par sa sympathie pour l'opprimé, par son élan vers le malheur, par sa générosité naturelle, la grande famille française s'était constamment soutenue et fortifiée depuis dix siècles. Elle semblait indestructible, mais la maxime actuelle du *chacun pour soi*, le froid égoïsme, a glacé les cœurs et énervé les âmes. Où est-elle, cette forte génération de 89, accourant en foule au danger, souffrant héroïquement toutes les misères, prodiguant tous les dévouements et donnant sa vie avec enthousiasme pour le salut de la patrie ? Qu'est devenue la jeunesse si ardente, si chaleureuse, si patriotique de 1830 ? Elle volait au secours de la Grèce, de la Pologne, elle aurait volé au nôtre. Nous espérions que le souvenir de ces grandes époques qui nous ont donné tant d'illustres citoyens, hommes de tête, de cœur et d'action, aurait secoué le Pays. Nous espérions que la France, sortant de sa torpeur, se serait levée frémissante contre l'envahissement de l'étranger et viendrait en masse à notre aide. Cet espoir nous l'avons toujours eu, nous l'avons encore, car nous avons confiance dans la Patrie, et pourtant les jours se succèdent silencieux, comme si la France nous oubliait. Seuls jusqu'alors les patriotes vosgiens nous ont tendu courageusement les bras. Leurs efforts sont restés inutiles, ils étaient trop peu. Tout semble décoloré, vide autour de nous. Mais quelle que soit notre amertume, bannissons le désespoir. Raidissons-nous résolument contre l'adversité. Le naufragé sur sa dernière planche de salut, l'homme de cœur terrassé par l'infortune, conservent encore l'un et l'autre un rayon d'espérance. Ils luttent, ils luttent encore, et le plus souvent leur énergie les sauve. L'orage grossit sur nos têtes, le mystère de nos destinées nous étreint, serrons nos rangs, et plus que jamais unissons-nous sur le terrain commun de l'amour de notre pays. L'histoire fera la part de chacun. Elle cloue sans pitié au pilori les incapacités, les faiblesses, les trahisons, et ne réserve ses palmes que pour le savoir, la vaillance et le patriotisme. Quoi qu'il en soit, l'exemple de ce qui s'est passé sous les murs de Metz laissera un fécond enseignement. Soldats et citoyens, nous sommes depuis trois mois réunis par le malheur, et nous nous sommes fraternellement entr'aidés. Si le reste de la France avait banni aussi rapidement que nous le misérable égoïsme, notre délivrance serait faite. Au moment, peut-être, de nous séparer de nos braves troupiers, adressons-leur notre cordial adieu, et n'oublions jamais qu'ils auraient voulu au prix de leur sang nous procurer des jours plus heureux. Eux aussi garderont le souvenir des soins affectueux prodigués a leurs blessés. Sachons donc que la fraternité est le lien le plus utile comme le plus consolant entre les hommes. Flétrissons la corruption et l'égoïsme qui divisent et affaiblissent, donnons-nous des institutions saines et fortes, basées sur la vérité et la justice, la France alors recouvrera ses nobles qualités, reprendra sa place parmi les nations, et redeviendra le phare lumineux de la liberté et de la civilisation.

E. B.

Metz, le 29 octobre 1870.

D'après des renseignements que nous avons tout lieu de croire authentiques, notre ville ne sera pas occupée par l'armée prussienne. Cette dernière prendrait position dans les quatre forts suivants : St-Privat, St-Quentin, St-Julien et Queuleu. Elle occuperait en outre la porte Mazelle. Les propriétés seront respectées. Une commission mixte, composée d'officiers français et prussiens, fera l'inventaire des armes et munitions existant dans les divers arsenaux de la ville. Il sera décidé ultérieurement du sort de ces objets, qui resteront à la nation à laquelle des traités définitifs laisseront la ville.

C'est avec douleur que nous portons à la connaissance de nos concitoyens les deux documents suivants, qui nous parviennent au dernier moment.

PROTOCOLE

Entre les soussignés, le Chef d'état-major général de l'armée française sous Metz, et le Chef de l'état-major de l'armée prussienne devant Metz, tous deux munis des pleins pouvoirs de Son Excellence le Maréchal Bazaine, commandant en chef, et du général en chef Son Altesse Royale le prince Frédéric-Charles de Prusse,

La convention suivante a été conclue :

Art. 1er. — L'armée française, placée sous les ordres du maréchal Bazaine, est prisonnière de guerre.

Art. 2. — La forteresse et la ville de Metz avec tous les forts, le matériel de guerre, les approvisionnements de toute espèce et tout ce qui est propriété de l'Etat, seront rendus à l'armée prussienne dans l'état où tout cela se trouve au moment de la signature de cette convention.

Samedi 29 octobre, à midi, les forts de Saint-Quentin, Plappeville, Saint-Julien, Queuleu et Saint-Privat, ainsi que la porte Mazelle (route de Strasbourg) seront remis aux troupes prussiennes.

A dix heures du matin de ce même jour, des officiers d'artillerie et du génie, avec quelques sous-officiers, seront admis dans lesdits forts pour occuper les magasins à poudre et pour éventer les mines.

Art. 3. — Les armes, ainsi que tout le matériel de l'armée, consistant en drapeaux, aigles, canons, mitrailleuses, chevaux, caisses de guerre, équipages de l'armée, munitions, etc., seront laissés à Metz et dans les forts à des commissions militaires instituées par M. le maréchal Bazaine, pour être remis immédiatement à des commissaires prussiens. Les troupes sans armes seront conduites, rangées d'après leurs régiments ou corps, et en ordre militaire, aux lieux qui sont indiqués pour chaque corps. Les officiers rentreront alors, librement, dans l'intérieur du camp retranché, ou à Metz, sous la condition de s'engager sur l'honneur à ne pas quitter la place, sans l'ordre du commandant prussien.

Les troupes seront alors conduites par leurs sous-officiers aux emplacements de bivouacs. Les soldats conserveront leurs sacs, leurs effets et les objets de campement (tentes, couvertures, marmites, etc.)

Art. 4. — Tous les généraux et officiers, ainsi que les employés militaires ayant rang d'officiers, qui engageront leur parole d'honneur par écrit de ne pas porter les armes contre l'Allemagne, et de n'agir d'aucune autre manière contre ses intérêts jusqu'à la fin de la guerre actuelle, ne seront pas faits prisonniers de guerre ; les officiers et employés qui accepteront cette condition conserveront leurs armes et les objets qui leur appartiennent personnellement.

Pour reconnaître le courage dont ont fait preuve pendant la durée de la campagne les troupes de l'armée et de la garnison, il est en outre permis aux officiers qui opteront pour la captivité d'emporter avec eux leurs épées ou sabres, ainsi que tout ce qui leur appartient personnellement.

Art. 5. — Les médecins militaires sans exception resteront en arrière pour prendre soin des blessés; ils seront traités d'après la convention de Genève ; il en sera de même du personnel des hôpitaux.

Art. 5. — Des questions de détail concernant principalement les intérêts de la ville, sont traitées dans un appendice ci-annexé, qui aura la même valeur que le présent protocole.

Art. 7. — Tout article qui pourra présenter des doutes sara toujours interprété en faveur de l'armée française.

Fait au château de Frescaty, le 27 octobre 1870.

Signé : L. JARRAS. — STIEHLE.

ORDRE GÉNÉRAL
N° 12

A L'ARMÉE DU RHIN

Vaincus par la famine, nous sommes contraints de subir les lois de la guerre en nous constituant prisonniers. A diverses époques de notre histoire militaire, de braves troupes commandées par Masséna, Kléber, Gouvion Saint-Cyr, ont éprouvé le même sort, qui n'entache en rien l'honneur militaire, quand, comme vous, on a aussi glorieusement accompli son devoir jusqu'à l'extrême limite humaine.

Tout ce qu'il était loyalement possible de faire pour éviter cette fin a été tenté et n'a pu aboutir.

Quant à renouveler un suprême effort pour briser les lignes fortifiées de l'ennemi, malgré votre vaillance et le sacrifice de milliers d'existence, qui peuvent encore être utiles à la Patrie, il eût été infructueux, par suite de l'armement et des forces écrasantes qui gardent et appuient ces lignes : un désastre en eût été la conséquence.

Soyons dignes dans l'adversité, respectons les conventions honorables qui ont été stipulées, si nous voulons être respectés comme nous le méritons. Evitons surtout, pour la réputation de cette armée, les actes d'indiscipline comme la destruction d'armes et de matériel, puisque, d'après les usages militaires, places et armement devront faire retour à la France lorsque la paix sera signée.

En quittant le commandement, je tiens à exprimer aux généraux, officiers et soldats, toute ma reconnaissance pour leur loyal concours, pour leur brillante valeur dans les combats, leur résignation dans les privations, et c'est le cœur brisé que je me sépare de vous.

Le Maréchal de France commandant en chef,

BAZAINE.

En présence de la cruelle situation que nous subissons, nous devons rester calmes et dignes. Cette fin lamentable, que personne ne voulait prévoir, est arrivée à son heure comme la balle lancée par un joueur habile touche au but à l'instant calculé d'avance.

Oui, à défaut de patriotisme, vous avez eu de l'habileté, vous avez bien calculé les délais, bien mesuré les distances vous avez habilement ourdi le piége dans lequel nous devions tomber.

Vous nous avez bercés de belles paroles, leurrés de bonnes promesses. Ils sont si naïfs, ces gens de province! Bien jouée maître Machiavel, vous vous êtes conduit en digne disciple de ce grand homme. Vous vouliez régner, et, pour ce faire. il faut dissimuler. Le lion messin montrait sa griffe; vous avez usé de douceur; vous lui avez limé les ongles et les dents. Et ajoutant l'ironie à la trahison, vous insultez ceux que vous avez vendus. Les mots : honneur, patrie, courage, sont une insulte dans votre bouche ; vous avez le cœur placé trop bas pour comprendre ces sentiments. Mais vous avez oublié une chose : le pain de la trahison est amer, et l'or infâme des Judas glisse dans les mains. Ceux dont vous avez servi les desseins ne vous en estiment que moins.

Nous vous demanderons au moins de quelles promesses on a payé la honte de la France.

———

Voici ce qu'écrivait pour Bazaine un officier qui prévoyait les événements actuels :

Si j'étais à même de vous interroger, voici, pour ma part, les questions que je vous adresserais :

Pourquoi, le 26 août, après avoir par une seule route massé toute votre armée en avant de Saint-Julien, n'avez-vous pas livré bataille, prétextant du mauvais temps? Est-ce que la pluie n'était pas pour les Prussiens comme pour nous? Vous saviez, évidemment, vous ne pouviez l'ignorer, que l'armée de Mac-Mahon approchait par le Nord, et je crois qu'alors vous auriez réussi à lui donner la main ; l'ennemi n'avait pas encore ces terribles batteries de position qui ont commencé à nous enserrer quelques jours après?

Pourquoi, le 31 août, n'avez-vous pas poursuivi, même pendant la nuit, les avantages que l'armée avait obtenus, et n'avez-vous pas gardé les positions qu'elle avait conquises au prix de son sang?

Pourquoi, depuis, n'avez-vous pas réuni sur un point donné toute votre artillerie, toutes vos forces pour faire une trouée? Si vous aviez fait comme le taureau qui, acculé, s'élance en baissant les cornes, vous auriez passé.

Pourquoi, après avoir pris les Maxes, ue les avez-vous pas occupées jusqu'à ce que les immenses approvisionnements qui s'y trouvaient aient été amenés à Metz? Au lieu de cela, vous vous êtes retiré, après avoir emporté pour les états-majors quelques sacs de grains, quelques bottes de paille. Les Prussiens alors sont revenus pendant la nuit et ont allumé cet immense incendie que nous avons tous vu. Pas une maison n'a été épargnée.

Et maintenant, c'est brusquement, du jour au lendemain, que l'on nous prévient qu'il ne reste plus rien, rien du tout pour l'alimentation des chevaux. Est-ce imprévoyance? Est-ce autre chose? Après les chevaux viendront les hommes. Et vous attendez toujours?

Qu'a été faire le général Bourbaki ? Où est-il allé? Qu'est-il devenu ?

Je n'ai pas fini. Autres questions :

Pourquoi le 7 octobre, avez-vous livré un grand combat dans la plaine de Thionville? Que vouliez-vous faire? Vous ravitailler, dit-on ? Or, vous avez, comme toujours, engagé la lutte avec une très-grande infériorité numérique de troupes, vous avez opposé peu de canons aux inombrables batteries de l'ennemi. Cependant, en massant votre artillerie sur le point attaqué, en faisant comme les Prussiens, qui ont dû vous l'apprendre, nous auriez infailliblement fait taire les canons ennemis ; au lieu d'engager des régiments, il fallait engager un corps d'armée, deux au besoin. Malgré cela, les soldats ont réussi par leur bravoure à s'emparer des Grandes-Tappes, où se trouvaient des greniers bien approvisionnés. Mais le succès vous ne le vouliez pas ; on serait du moins tenté de le croire, puisqu'après l'avoir obtenu, au prix du sang d'un millier de vos soldats, la retraite a été ordonnée , j'ai vu la chose et je la déclare infâme.

Que signifie ce conseil de guerre que vous tenez avec les chefs de corps d'armée et les généraux? On dit que dans l'un d'eux, on a discuté la capitulation. Est-ce vrai ? on est tenté de le croire, puisque, aujourd'hui même, quelqu'un qui vous touche de près a répondu à l'affirmation d'un officier de la garde mobile qui disait au café Parisien qu'elle avait été votée à l'unanimité : « Vous vous trompez, Monsieur, un tiers seulement l'a votée. »

Enfin, voici la question la plus sérieuse : Pourquoi n'avez-vous pas fatigué, harcelé, chaque jour, chaque heure, l'armée ennemie de blocus par des sorties en forces sur un point donné ? Cela vous était facile, puisque, occupant le cercle du centre d'investissement, vous pouviez, chaque jour, chaque heure, sinon remporter des succès décisifs, du moins faire subir à l'armée assiégeante, des pertes qui, peu à peu, l'auraient épuisée, l'auraient démoralisée. Tout au moins vous auriez assuré vos ravitaillements aux dépens de l'ennemi.

Vous n'avez rien fait, et d'ici à peu de jours vous n'aurez plus aucun moyen de combattre.

Malgré cela, ne comptez pas sur nous ; vous ne nous vendrez pas comme un troupeau de moutons. Vous et vos acolytes, vous serez jugés un jour. Dieu veuille que vous puissiez vous défendre !

Metz, le 31 octobre 1870.

La capitulation a donc été signée par Bazaine ; la honte est donc consommée, et l'armée, trahie, dépossédée de ses chevaux et de son artillerie, ne peut plus rien pour défendre son honneur ; elle est livrée à la discrétion prussienne, Metz la Pucelle est elle-même forcée de passer sous les fourches caudines, elle a encore ses canons, mais elle n'a plus de vivres.

Ainsi l'ont voulu celui ou ceux qui nous commandent.

France ! ne crie pas contre l'armée qui s'est battue vaillamment, et qui réclamait la lutte jusqu'à la dernière extrémité. C'est à toi qu'il faut t'en prendre de nos désastres ; ce sont les votes serviles et corrompus de tes représentants d'autrefois qui les ont préparés en laissant à la tête de toutes nos administrations, de tous les pouvoirs de l'Etat, des infâmes, des hommes qui n'avaient aucun principe, qui ne croyaient à aucun sentiment droit et honnête, et qui riaient de la devise plaquée sur leur poitrine : Honneur et Patrie ! Ils n'y voyaient qu'une seule chose : une rente annuelle de quelques centaines de mille francs.

Arrière, traîtres, corrompus, petits-crevés, jeunes ou vieux ! Le malheur a régénéré la nation, tels sont les décrets de la Providence, à laquelle vous ne croyez pas. — Metz, 28 octobre.

ARMÉE DE METZ

Communication officielle faite verbalement aux officiers par leurs chefs, le 19 Octobre.

(Cette pièce a été rédigée immédiatement par quelques officiers qui se sont réunis pour contrôler entre eux leurs souvenirs; ils en attestent l'exactitude).

Messieurs, je suis chargé par M. le Général de Division et de la part de M. le Maréchal commandant en chef, de vous faire connaître des faits importants qui se sont produits depuis quelques jours. Les approvisionnements de la place de Metz diminuant de plus en plus, M. le Maréchal Bazaine a cru devoir entrer en pourparlers avec l'ennemi. Il a désigné le Général Boyer, son premier aide-de-camp, qui s'est rendu à Versailles au quartier-général du roi Guillaume. L'empressement avec lequel l'envoyé du Maréchal a été accueilli semble prouver que les Prussiens sont très-désireux de terminer la guerre. Ainsi le général Boyer ayant parcouru en chemin de fer le trajet de Metz à Château-Thierry, le service des trains était interrompu afin de rendre son voyage plus rapide; à Château-Thierry une voiture aux armes du roi de Prusse l'attendait pour le transporter à Versailles. A peine arrivé, le Général est reçu par M. de Bismark qui transmet au roi sa demande d'audience; il est aussitôt introduit, et se trouve en présence d'un conseil de guerre, auquel assistent, sous la présidence du roi de Prusse, les principaux chefs de l'armée prussienne.

Le général Boyer ayant exposé le but de sa mission, le général Moltke prit la parole et déclara que dans une question toute militaire, les négociations ne pouvaient être longues. L'armée de Metz devait subir le sort de l'armée de Sedan et se rendre prisonnière de guerre. M. de Bismark fit observer que la question politique devait primer la question militaire. Je serais disposé à admettre, continua-t-il, une convention qui permettrait à l'armée de Metz de se retirer dans un point désigné du territoire français afin d'y protéger les délibérations nécessaires pour assurer la paix. Cette idée était suggérée à M. de Bismark par les difficultés que faisait naître pour le gouvernement prussien lui-même l'absence de tout gouvernement en France.

En effet les renseignement recueillis par le général le long de la route auprès des chefs de gare et auprès de diverses personnes, les journaux qu'il a pu rapporter, ne laissent malheureusement subsister aucun doute à cet égard: l'anarchie la plus complète règne actuellement en France; Paris investi, affamé et sans communications extérieures, doit s'ouvrir aux Prussiens dans très-peu de jours; la discorde civile y paralyse la défense; les membres du comité de défense nationale ont été débordés. Gambetta et de Kératry sont partis en ballon, l'un est venu tomber à Amiens, l'autre à Bar-le-Duc. Le désordre est au comble dans le midi de la France. Le drapeau rouge flotte à Lyon, à Marseille, à Bordeaux. Une armée de volontaires bretons a été détruite du côté d'Orléans. La Normandie parcourue par des bandes de brigands a appelé les Prussiens pour rétablir l'ordre. Le Hàvre, Elbœuf, Rouen, ont actuellement des garnisons prussiennes qui concourent avec la garde nationale à sauvegarder la sécurité publique. Un mouvement d'un caractère religieux a éclaté en Vendée; le Nord désire ardemment la paix. La Prusse réclame la Lorraine et l'Alsace, et plusieurs millards d'indemnité de guerre, l'Italie réclame la Savoie, Nice et la Corse.

Cette anarchie, le gouvernement provisoire étant dispersé, les différentes villes ne s'accordant pas quant à la forme d'un gouvernement nouveau, les d'Orléans ne s'étant pas présentés cette anarchie cause au gouvernement prussien, disposé à traiter de la paix, des difficultés imprévues. Il ne peut songer à établir des bases de négociations qu'en s'adressant au gouvernement de fait qui existait avant le 1er septembre, c'est-à-dire à la Régence. On ignore encore, si dans les circonstances actuelles, la Régente voudra prêter l'oreille à des propositions pacifiques. Mais en cas de refus, on ne pourrait l'adresser qu'à la Chambre des députés, issus du suffrage universel, et qui représente légalement la nation. Toutefois pour que le corps législatif qui a siégé jusqu'au 1er septembre, puisse se réunir de nouveau et puisse délibérer, il faut qu'il soit protégé par une armée française. Tel est le rôle qu'aura sans doute à remplir l'armée de Metz. En attendant le retour du général Boyer reparti de Versailles avec de nouveaux pouvoirs il est urgent de faire savoir aux troupes que la situation pénible où nous nous trouvons n'est que transitoire. L'armée sépare sa cause de celle de la ville de Metz. En attendant qu'elle puisse partir pour aller remplir une nouvelle mission patriotique, elle saura supporter courageusement encore quelques jours de privation, si vous avez, Messieurs, quelques explications nouvelles à demander, je m'empresserai de vous les donner, mais je dois vous dire qu'aucune discussion ne saurait être admise.

— Après cette allocution, écoutée dans le plus profond silence, la séance a été levée.

Ce discours peut se passer de commentaires. La solution qu'il indique à la situation était prévue et, ajouterons-nous, avait été préparée par une série de fautes dont on sait parfaitement sur qui rejeter la responsabilité.

L'armée française redeviendra encore armée impériale et devra encore s'illustrer par les exploits de la guerre des rues. Elle ira, de concert avec l'armée prussienne, rétablir l'ordre et fusiller ces *odieux républicains* qui ont la folle prétention de vouloir mourir pour la patrie.

L'armée se prêtera-t-elle à ce rôle honteux? Jouera-t-elle encore, comme en 1852, le jeu de l'empire, et donnera-t-elle sa main pour lui retirer les marrons du feu? Nous ne le croyons pas. Elle sait parfaitement, aujourd'hui, quels liens la rattachent au peuple, et on aura beau lui voiler la situation, lui montrer la France en anarchie et nos grandes villes réclamant des garnisons prussiennes, elle n'en croira rien.

L'armée est le peuple, et le peuple ne tire pas sur lui-même.

Assez d'illusions. Assez de mensonges. L'armée française a été vendue et trahie. Elle est malheureuse, mais non déshonorée.

Elle a encore assez de gloire pour ne pas vouloir de la guerre des rues.

—

Metz, le 30 Octobre 1870.

Le Maire et les membres du conseil municipal à leurs Concitoyens

Chers Concitoyens,

Le véritable courage consiste à supporter un malheur sans les agitations qui ne peuvent que l'aggraver.

Celui dont nous sommes tous frappés aujourd'hui nous atteint sans qu'aucun de nous puisse se reprocher d'avoir un seul jour failli à son devoir.

Ne donnons pas le désolant spectacle de troubles intérieurs, et ne fournissons aucun prétexte à des violences ou à des malheurs nouveaux et plus complets encore.

La pensée que cette épreuve ne sera que passagère et que nous, Messins, n'avons assumé dans les faits accomplis aucune part de responsabilité devant le pays et devant l'histoire, doit être en ce moment, notre consolation.

Nous confions la sécurité commune à la sagesse de la population.

> F. Maréchal, *Maire*; Boulangé, Bastien, Noblot, Géhin, de Bouteiller, Blondin, Bezançon, Gougeon, Bultingaire, Moisson, Simon-Favier, Marly, Sturel, Geisler, Prost, Worms, Collignon, Rémond, Puyperoux, général Didion, Salmon, Bouchotte, Schneider.

Nous nous associons de tout notre cœur aux paroles de notre Maire et de notre Conseil municipal. Supportons avec calme et dignité des événements malheureux qu'il n'a pas dépendu de notre volonté d'empêcher.

Montrons-nous grands dans l'adversité. La dignité commande le respect. Nous sommes convaincus que nos concitoyens seront à la hauteur des circonstances. La crise est passagère et nous attendons avec confiance des jours meilleurs.

LA RÉDACTION.

PLACE DE METZ.

Appendice à la Convention militaire en ce qui concerne la ville et les habitants.

Article premier.

Les employés et les fonctionnaires civils attachés à l'armée ou à la place, qui se trouvent à Metz, pourront se retirer où ils voudront, en emportant avec eux tout ce qui leur appartient.

Art. 2.

Personne, soit de la garde nationale, soit parmi les habitants de la ville, ou réfugiés dans la ville, ne sera inquiété à raison de ses opinions politiques ou religieuses, de la part qu'il aura prise à la défense, ou des secours qu'il aura fournis à l'armée ou à la garnison.

Art. 3.

Les malades et les blessés laissés dans la place recevront tous les soins que leur état comporte.

Art. 4

Les familles que les membres de la garnison laissent à Metz ne seront pas inquiétées, et pourront également se retirer librement avec tout ce qui leur appartient, comme les employés civils.

Les meubles et les effets que les membres de la garnison sont obligés de laisser à Metz, ne seront ni pillés, ni confisqués, mais resteront leur propriété. Ils pourront les faire enlever dans un délai de six mois, à partir du rétablissement de la paix ou de leur mise en liberté.

Art. 5.

Le commandant de l'armée prussienne prend l'engagement d'empêcher que les habitants soient maltraités dans leur personnes ou dans leurs biens.

On respectera également les biens de toute nature du département, des communes, des sociétés de commerce ou autres, des corporations civiles ou religieuses, des hospices et des établissements de charité.

Il ne sera apporté aucun changement aux droits que les corporations ou sociétés, ainsi que les particuliers ont à exercer les uns contre les autres, en vertu des lois françaises, au jour de la capitulation.

Art. 6.

A cet effet, il est spécifié, en particulier, que toutes les administrations locales et les sociétés ou corporations mentionnées ci-dessus, conserveront les archives, livres et papiers, collections et documents quelconques qui sont en leur possession.

Les notaires, avoués et autres agents ministériels conserveront aussi leurs archives et leur minutes ou dépôts.

Art. 7.

Les archives, livres et papiers appartenant à l'Etat resteront en général dans la place, et au rétablissement de la paix, tous ceux de ces documents concernant les portions de territoire restituées à la France feront aussi retour à la France.

Les comptes en cours de règlement nécessaires à la justification des comptables ou pouvant donner lieu à des litiges, à des revendications de la part de tiers, resteront entre les mains des fonctionnaires ou agents qui en ont actuellement la garde, par exception aux dispositions du paragraphe précédent.

Fait au château de Frescaty, le 27 Octobre 1870.

Signé : JARRAS. — STIEHLE.

Pour copie conforme :

Le général commandant supérieur de Metz,

F. COFFINIÈRES.

———

Une dernière fois avant la capitulation, la population messine a voulu prouver qu'elle n'avait en rien participé à cet acte. Une manifestation a eu lieu, calme, digne de notre grande et patriotique ville. Jusqu'à dix heures, les groupes stationnaient sur les places et dans les carrefours; se demandant avec anxiété ce que leur apporterait le lendemain. La foule est restée dans le plus grand calme, et à part le tocsin qui semblait sonner l'agonie de la cité, on ne pouvait se douter de ce qui se passait.

Nos concitoyens ont tenu à montrer qu'ils n'étaient pas complices des traîtres qui les ont vendus.

Et maintenant plus qu'un mot : ESPOIR.

———

On nous adresse la note suivante :

Dans votre numéro du 29, vous adressez plusieurs questions à M. le maréchal Bazaine, il serait bon de les compléter par les demandes suivantes.

Pourquoi M. le maréchal Bazaine n'a-t-il pas poursuivi le succès du 14 Août contre l'armée du général Steinmetz ?

Pourquoi, le 16, après avoir combattu l'armée du prince Frédéric-Charles, à Gravelotte, n'a-t-il pas continué sa marche sur Verdun ? Il le pouvait, attendu que, le 17, l'armée de Steinmetz avait pu se mettre en position seulement en avant d'Ars-sur-Moselle et de Gorze.

La situation eut alors été changée.

Pourquoi, le 18, l'armée française luttant contre les deux armées prussiennes réunies, né l'a-t-on pas vu sur le champ

6

de bataille, pourquoi la garde a-t-elle été tenue en dehors du combat ? Elle était séparée de notre armée par le profond ravin de Châtel, et n'est arrivée qu'à la nuit sur le champ de bataille.

Pendant la bataille, il se reposait à Plappeville !

Pourquoi, le 31, a-t-il laissé le 3e corps, depuis 8 heures du matin jusqu'à 4 heures, en face de l'ennemi, sans ordonner l'attaque, et pourquoi est-il rentré le soir à Metz, sans s'occuper de ce que devenait son armée ?

Pour quiconque voudra scruter ces demandes, résultera la conviction qu'alors la France eut pu être sauvée,

Depuis le 1er Septembre, la seule occupation du maréchal Bazaine a été de démolir pièce à pièce une des plus belles armées du monde, et de la conduire à l'horrible catastrophe qui nous couvre tous de deuil et de ruines

———

Metz, le 29 Octobre 1870.

Monsieur le Rédacteur,

Vous publiez dans votre journal de ce jour un fait qui aurait dû passer inaperçu ; mais les paroles qui l'accompagnent lui donnent une interprétation qui m'oblige à vous mettre au courant de ce qui a eu lieu,

Hier matin, je me suis rendu au Ban-Saint-Martin, pour remercier M. l'Intendant général Lebrun de m'avoir jugé digne d'un honneur que j'ai désiré toute ma vie. Je lui ai dit que, dans un moment où la patrie est malheureuse, on ne doit rien accepter d'elle ; pas même une récompense honorifique. J'ai ajouté : C'est aujourd'hui mon vingtième anniversaire de mariage et, par les mêmes raisons, je n'ose le fêter.

J'ai effectivement dit ceci à un ami, qui avait appris ma détermination : d'ailleurs, je n'aurais jamais aperçu sans douleur sur mon brevet, l'encre qui avait servi peut-être à la rédaction de la capitulation.

Tels sont les faits. Loin de ma pensée d'accuser en ce moment. Je veux attendre, pour fixer mon jugement, qu'il me soit permis de passer en revue les événements dans tout leur ensemble.

Veuillez agréer, etc.

Em. BOUCHOTTE.

Metz, le 31 Octobre 1870.

—

Les avis suivants ont été affichés à Metz :

PROCLAMATION

AUX HABITANTS DE METZ

La forteresse de Metz a été occupée hier par les troupes prussiennes, et le soussigné est provisoirement commandant de la forteresse.

Je saurai maintenir entre les troupes la discipline prussienne éprouvée ; la liberté des personnes et la propriété sont garanties. Les charges qui incomberont ces jours-ci aux habitants, avant que les affaires ne soient tout à fait réglées, doivent être portées, et je reconnaîtrai si les habitants sauront apprécier les circonstances.

Où je rencontrerai de la désobéissance ou de la résistance, j'agirai avec toute sévérité et d'après les lois de la guerre.

Celui qui mettra en danger les troupes allemandes ou leur portera préjudice par des actions perfides, sera traduit devant le conseil de guerre ; celui qui servira d'espion aux troupes françaises ou logera des espions français ou leur prêtera assistance ; qui montrera volontairement les chemins aux troupes françaises, qui tuera, blessera ou volera les troupes allemandes ou les personnes appartenant à leur suite ; qui détruira les canaux, chemins de fer ou lignes télégraphiques ; qui rendra les chemins impraticables, qui mettra le feu aux munitions ou provisions de guerre, enfin, qui prendra les armes envers les troupes allemandes, sera puni de la peine de mort.

ARRÊTÉ :

1° Les maisons dans lesquelles ou hors desquelles on commettra des actes d'hostilité envers les troupes allemandes, serviront de casernes.

2° Plus de dix personnes ne pourront se rassembler dans les rues ou sur les places publiques.

3° Toutes les armes qui se trouvent entre les mains des habitants doivent être livrées jusqu'à lundi, 31 octobre, 4 heures de l'après-midi, au palais de la division, rue de la Princerie.

4º Toutes les fenêtres doivent être éclairées en cas d'alarme pendant la nuit.

Metz , le 30 octobre 1870.

Le Lieutenant-général de division et commandant,

Signé : Von Kummer.

———

Du calme, chers concitoyens, du calme , et encore du calme, et toujours du calme. Supportons cette épreuve avec courage. Pas de folles tentatives , pas de manifestations intempestives. De la dignité , c'est ce qui nous convient à l'heure qu'il est. Refoulons du fond du cœur certains sentiments , maudissons non ceux qui sont dans nos murs , mais ceux qui sont dehors. Là sont les coupables.

Encore une fois , du calme et de l'ordre , pas d'agressions , pas de violences.

———

Metz, le 31 octobre 1870

Monsieur le rédacteur ,

Nous ne voulons pas revenir sur le passé. Le moment serait mal choisi. Nous ne voulons pas remuer la fange, elle pourrait nous éclabousser. Mais qu'il nous soit permis de rappeler aux Messins certaine soirée où le général chargé par Napoléon III du commandement supérieur de la place jura , la main sur le cœur , à la foule frémissante qui l'entourait qu'on fusillerait le premier qui parlerait de capitulation. Un serment ne coûte pas cher aux valets de l'homme de Décembre , tout le monde le sait. Mais puisque la trahison a fait entrer l'ennemi dans nos murs, il est urgent qu'il apprenne que nous n'avons rien de commun avec ces gens-là.

Veuillez agréer, etc.

Garrigues aîné.

———

ARMÉE DE METZ

Communication officielle faite verbalement aux officiers

par leurs chefs, le 27 octobre 1870.

(Cette pièce a été rédigée immédiatement par quelques officiers qui se sont réunis pour contrôler entre eux leurs souvenirs ; ils en attestent l'exactitude).

Le colonel a parlé en ces termes :

La convention dite de Londres, voulant le rétablissement de la Régence de l'impératrice, c'est-à-dire du gouvernement du 4 septembre, n'a pas abouti ; pas plus que celle qui eut donné la liberté à l'armée de Bazaine pour soutenir, de ses armes, un gouvernement quelconque, reconnu et accepté par le peuple français.

Le maréchal recevait, presqu'au même moment, une dépêche du général Boyer et de Bismark, lui annonçant l'avortement de ces combinaisons.

A ces nouvelles qui détruisaient les espérances et les combinaisons du maréchal Bazaine, ce dernier convoqua immédiatement son conseil de guerre qui fut consulté sur les résolutions extrêmes que l'on devait prendre.

A l'unanimité, moins UNE VOIX, le conseil décida que *la capitulation* était nécessaire.

Le général Changarnier fut alors envoyé par le maréchal auprès du prince Frédéric-Charles, dont le quartier général est à Ars-sur-Moselle, pour traiter des conditions d'une capitulation que l'on espérait au moins honorable pour une armée vaillante qui avait tenu les Prussiens en échec, depuis trois mois et demi, après les avoir plusieurs fois vaincus.

Après un accueil favorable et cordial, fait au général par le prince, ce dernier lui déclara que, ne faisant pas partie de l'armée active, il ne pouvait, en aucune façon, traiter avec lui des conditions de la capitulation ; que, dès lors, leur conversation ne devait prendre aucun tour politique, quel qu'il soit, et que, conséquemment, elle devait se borner à des détails purs et simples sur les événements locaux.

C'est ainsi qu'il lui dit qu'il savait parfaitement que Metz n'avait plus que pour trois jours de vivres, et, lui montrant un train en gare, tout bardé de ravitaillements divers, il ajouta : Voilà pour la ville de Metz et votre armée qui manque de tout, et nous voulons mettre une fin à vos souffrances.

6*

Autre détail navrant : Nous avons toujours su ce que vous faisiez et ce que vous vouliez faire ; pour ne vous en donner qu'un exemple, dit le prince Frédéric, je vous dirai qu'aussitôt après un conseil de guerre, j'étais immédiatement informé de ce qui y avait été décidé ; et, pour preuve, il cita jour par jour les propositions de tel ou tel commandant de corps d'armée qu'il *nomma* par son *nom* et les résolutions prises à la suite de ces propositions.

Le générnl Changarnier retourna près du maréchal qui renvoya près du prince le général de Cissey.

Il résulta de cette nouvelle entrevue, ceci :

Nous avons en France 120,000 hommes. En ce moment, une armée de 150,000 hommes est à Dijon, marchant sur Lyon.

De même que Metz a été investi et pris par la famine, de même Paris succombera, de même Lyon. Nous ne détruisons aucune ville par bombardement ; nous irons à Marseille s'il le faut, nous irons partout, partout.

Le général de Cissey, objectant que si l'armée capitule, ce n'est pas une raison pour que Metz se rende, le prince a répondu : « Avant la déclaration de guerre, nous connaissions aussi bien que vous et dans les plus minutieux détails, l'état de défense de la ville. Alors, les forts étaient à peine ébauchés, et la ville ne pouvait opposer qu'une faible résistance. C'est depuis la présence de l'armée française sous Metz que cette ville est devenue ce qu'elle est aujourdui ; ce sont vos hommes qui ont achevé et armé les forts. Metz, devenu par votre fait une place de guerre de premier ordre rentre, comme conséquence, dans toutes les conditions d'une capitulation qui confondra, à la fois, et la ville et l'armée. C'est ainsi que nous le jugeons et que nous l'exigeons.

Le général de Cissey, demandant si, dans les clauses de la capitulation, il serait ainsi fait qu'à Sedan, à savoir si les officiers seraient libres sur parole à certaines conditions, le prince répondit : « *Non !* » à Sedan, deux généraux et trois cents officiers, libres sur parole de ne pas servir la France contre nous, sont rentrés dans les rangs et nous ont combattu à nouveau ; en sorte que pour l'armée de Metz, tous les officiers indistinctement, se rendront sans condition. »

C'en était fait, il n'y avait plus qu'a régler les clauses de la capitulation, et le général Jarras, chef d'état-major général du maréchal, partit pour Ars, afin d'arrêter ce *nec plus ultra* de notre honte. A demain, sans doute, des nouvelles.

Dans les circonstances actuelles, l'armée ne doit pas accepter la complicité de l'infâme capitulation à laquelle on l'a traitreusement conduite. Dans son intétêt comme dans celui de la France régénérée, il faut que chacun soit responsable de ses actes, quels qu'ils soient, que à chacun soit rendue la justice qui lui est due. Il faut donc loyalement, franchement reconstituer l'histoire de la campagne et pour ce faire, le meilleur moyen de savoir la vérité, de la divulguer nous semble être le suivant : Que dans chaque corps les officiers se réunissent pour nommer parmi eux une commission chargée de recueillir les souvenirs, les appréciations de leurs camarades, que les actes de défaillance comme les actes grands et louables soient enregistrés. Ces documents devant être publiés et la France régénérée pour expulser de son sein ceux qui l'ont conduite à sa ruine.

(*Indépendant de la Moselle.*)

Journal *Le Messin.*

22 septembre 1870.

A L'ALLEMAGNE

Quoi ! belle Allemagne candide et rosée,
Dont le doux regard bleu vit naître des penseurs
C'est toi qui follement t'es faite l'épousée
Du puritain Guillaume, Loyola des sabreurs.

Quoi ! pour un titre vain et pour une chimère
Qu'un homme réclame au nom du droit divin !
Allemagne libérale, grande humanitaire,
A l'empereur qui vient tu prépares le chemin.

Quel chemin... les cadavres doivent le niveler ;
La tempête le nettoie, l'incendie l'illumine ;
Mais Guillaume rayonnant peut enfin y marcher
Sans regarder sur quoi son pied royal piétine.

Pourquoi regarderait-il cette sinistre route ?
Lui, l'élu de Dieu, le sauveur des nations ;
N'a-t-il pas la pourpre ? qu'importe ce qu'elle coûte :
Sa couleur n'est brillante que du sang des légions.

Ton Maître, le voilà donc, peuple débonnaire,
T'honorant d'inspirer tant de génies sublimes,
Tu acclames le tigre au sortir du repaire,
La gueule fraîche encore du sang des victimes.

Wurtembergeois, Saxons, Badois et Bavarois,
Qui buvez à la coupe d'un duc de Lorraine;
Fiers complices du tyran qui vous dicte ces lois;
Esclaves, enivrez-vous chargés de votre chaîne.

C'en est fait, vous n'êtes plus ces guerriers stoïques
Qui voulaient du soleil sur leur champ de bataille;
Les *bois* abritent mieux vos phalanges héroïques,
Bandits qui rampez pour lancer la mitraille.

C'est qu'aussi vous n'êtes plus que les hordes parquées
D'un brigand audacieux. meurtrier politique;
Rêvant de Richelieu les hautes destinées;
Lui, Bismark, hobereau, Talleyrand germanique..

Ainsi c'est bien dit : Allemagne, tu veux cet homme,
Ce sinistre geôlier des nationalités;
Tu aimes sa devise, car c'est toi qui le nomme
Etrangleur de la paix et des saintes libertés.

La France, ô bourreau, accepte ton défi;
Libre, elle renaît, oubliant ses alarmes,
Vieux monde féodal c'est toi son ennemi,
Fils de quatre-vingt-neuf, debout, debout, aux armes!

Metz, 14 septembre 1870.

Un garde national volontaire

X.

DEUX

MEURTRIERS COURONNÉS

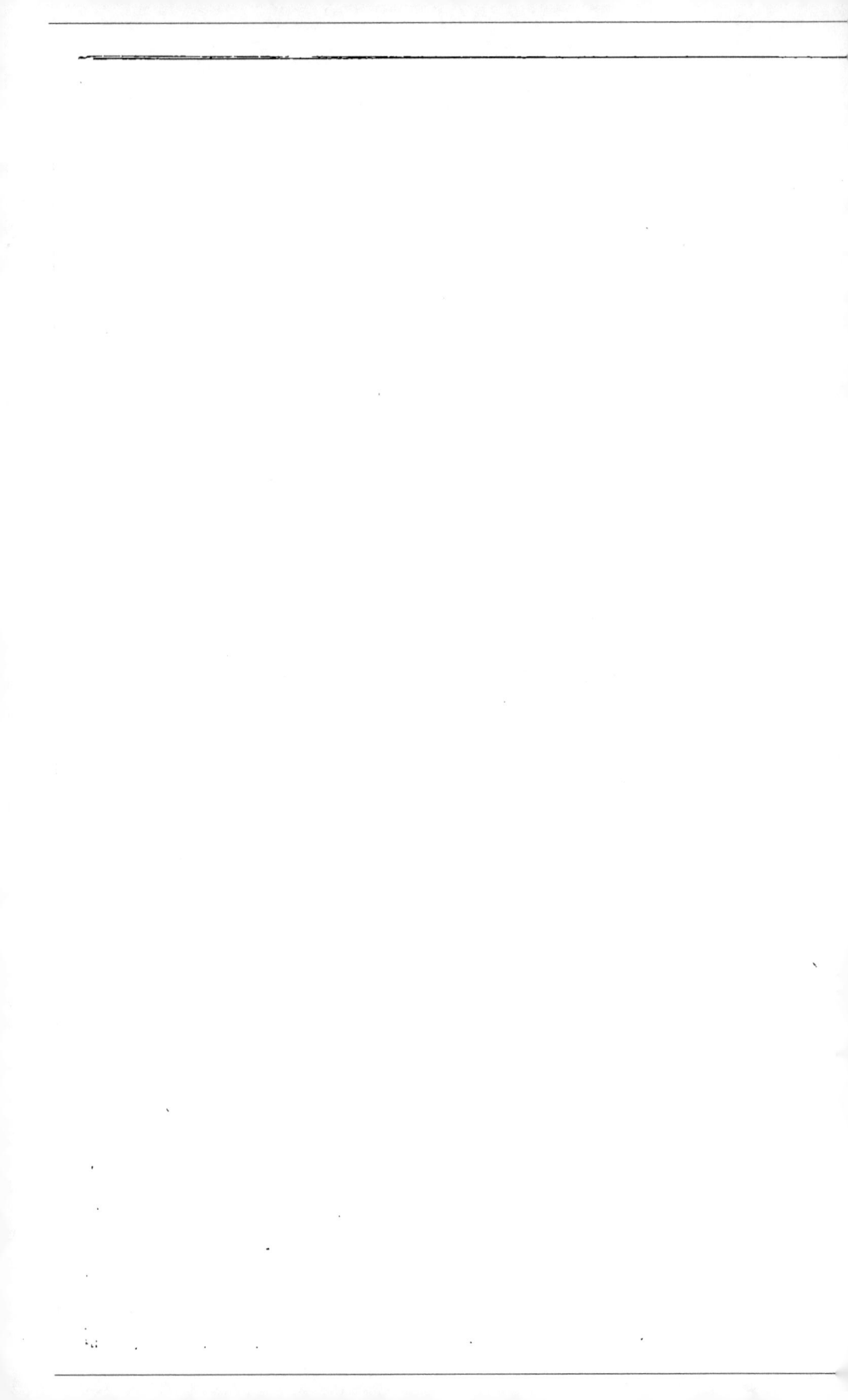

PRÉFACE NÉCESSAIRE

> C'est en subissant le blocus de
> Metz que j'ai appris à souffrir, et
> à réfléchir sur toutes choses.
>
> A. D.

*Hugues Grotius, dans son Traité du droit de la
paix et de la guerre, dit : « La plupart de ceux
qui entrent en guerre, en ont des motifs ou seuls,
ou accompagnés de quelques raisons justificatives.
On peut dire des premiers, qui ne se mettent point
en peine des raisons justificatives, ce que les juris-
consultes Romains disent des brigands : Qu'il faut
renfermer sous ce nom ceux qui, quand on leur
demande en vertu de quoi ils possèdent telle ou telle
chose, n'en allèguent d'autre titre que la* possession.

Ces sortes de guerriers, qui ne suivent d'autre règle et n'ont d'autre motif que leur ambition, sont, en effet, de grands voleurs, *titre que leur donne saint Augustin.*

Il n'y a point en eux de véritable bravoure, mais une cruauté souverainement inhumaine, comme le dit Cicéron.

Empereur d'Allemagne, l'histoire repoussera, en les flétrissant, toutes tes raisons justificatives, pour la continuation de la guerre au lendemain de Sedan !

A ceux qui auront le courage de te demander en vertu de quoi tu possèdes l'Alsace et la Lorraine, tu répondras hardiment — que ces provinces sont à toi parce que tes soldats les occupent.... Exactement, comme ces brigands qui, lorsqu'on leur demande en vertu de quoi ils possèdent telle ou telle chose, n'en allèguent d'autre titre que la possession.

AUGUSTE DALICHOUX.

Metz, le 30 Octobre 1870.

I.

> Le fameux général romain Marius, disait que le bruit des armes l'empêchait d'entendre la voix des lois. *(Histoire Romaine)*.

Je crois pouvoir affirmer qu'il n'existe pas aujourd'hui dans la partie du monde qu'il est convenu d'appeler « la plus civilisée », un écrivain en état de juger avec une stricte impartialité les causes qui ont amené la guerre entre la France et la Prusse.

Les publicistes les plus honnêtes, malgré la ferme résolution qu'ils prendront d'étouffer dans leur esprit la passion qui l'égare afin de l'élever dans les calmes régions de la pure philosophie, n'en n'apprécieront

7

pas moins avec les sentiments les plus contraires, le caractère et le patriotisme des gouvernants et des soldats, qui dirigent et soutiennent cette lutte formidable.

Aussi, quelles que soient la hauteur de vue et la fermeté de jugement de ces écrivains consciencieux, ils s'abuseraient beaucoup, néanmoins, en considérant la conclusion de leurs écrits sur ces remarquables événements, comme un arrêt suprême, irrévocable, digne d'être gravé sur les tables d'airain de l'histoire.

Il faudrait alors, si telles étaient leurs prétentions, qu'ils sachent bien que les générations futures ne verront uniquement dans leurs écrits au lieu du simple langage de l'implacable vérité, qu'une expression plus ou moins passionnée de l'opinion de leur pays, qu'un écho retentissant des lugubres murmures de la foule, qu'une thèse dogmatique dissimulant avec peine l'imprécation du fanatisme religieux, et surtout qu'un manifeste politique au service des rois et de la république.

Lorsque l'équilibre de la société est rompu, que deux grands peuples s'égorgent, que toutes les croyances s'ébranlent, que tous les droits sont remis en question, lorsque par suite de ce bouleversement, de toutes ces ruines, la civilisation affolée se replie sur elle-même pour faire ce bond honteux qui la ramène d'un seul coup un siècle en arrière, l'on peut alors sans témérité aucune et sans qu'il soit besoin de posséder la connaissance du cœur humain aussi profondément que Shakespeare, prédire que les contemporains de cette époque néfaste seront dans l'impossibilité morale, quels que soient leur patrie, leurs convictions, et même leur génie, de pouvoir raconter et commenter avec impartialité ces sombres et prodigieux événements.

Les cadavres de quatre cent mille hommes ne seront plus que poussière, une génération nouvelle marchera sur ces hécatombes monstrueuses, surpassant par le nombre, celles qui se faisaient au temps des Satrapes, de Néron et d'Attila, avant qu'un homme de cœur, puisse entreprendre sérieusement et d'une manière définitive, *l'histoire du XIXe siècle.*

II.

La tromperie, les cruautés, les injus-
tices, sont les apanages de la guerre.
(TERTULLIEN.)

La paix est glorieuse et avantageuse,
quand on la donne pendant qu'on est dans
la prospérité, elle vaut mieux alors, et
elle est plus sûre que la victoire qui n'est
encore qu'en espérance.

Il faut penser que les armes sont jour-
nalières, et craindre sur toutes choses
les effets du désespoir, qui, ranimant le
courage de l'ennemi, peut rendre ses coups
aussi dangereux, que les plus malignes
morsures des bêtes mourantes.
(TITE-LIVE).

O guerres fratricides, que l'incendie éclaire plus
souvent que la lumière des cieux, devez-vous donc,
pendant longtemps encore, désoler et déshonorer
l'humanité ?

Et toi, paix sainte, paix féconde, symbole de la fraternité et de toutes les vertus sublimes qui feraient le bonheur de l'humanité, ne seras-tu toujours qu'un moyen et non un but, au service des projets et de l'ambition des rois? Puisque ces bourreaux te condamnent fatalement à périr le jour où ton génie, prenant son plus haut essor, commence à fortifier de ses vivifiantes lumières tout ce que la terre renferme de beau, d'utile et de juste.

Pourquoi faut-il que tu n'apparaisses ici-bas, que semblable à ces radieuses et consolantes visions, qui après vous avoir ébloui et donné l'espérance, retombent presqu'aussitôt au milieu des profondes ténèbres d'où elles étaient sorties?

Est-ce donc en vain que le poète inspiré par toi t'aura célébrée dans un poème où il aura mis le meilleur de son âme? Que le penseur sera devenu ton apôtre pour te prêcher à travers le monde, à la face des peuples esclaves, et de l'autocratie toute-puissante! Que le soldat, patriote sublime, se décidera à te sacrifier obscurément sa vie dans l'espérance de hâter ton triomphe?....

Paix universelle ne règneras-tu donc jamais, et ce qui vivra de toi sur la terre, ne sera-t-il toujours qu'une éloquente théorie, plaidée de loin en loin par quelques hommes courageux doués du génie du bien.

Autrefois ces génies, ces apôtres héroïques qui bé-
nissaient le martyre et la persécution pour mieux
affirmer leurs croyances, s'appelaient : Socrate,
Jésus-Christ, le Dante et Fénelon! Aujourd'hui les
apôtres du XIXᵉ siècle s'appellent: P. L. Courrier,
Proudhon, Victor Hugo et Jacoby! — Et s'ils n'ont
pas, comme les premiers, l'auréole du matyre, du
moins ils partagent avec eux, la gloire d'avoir enduré
l'exil et la prison, pour enseigner au monde leurs
principes humanitaires.

Hélas! l'ère du repos que réclament les souffrances
de l'humanité, surmenée depuis des siècles par les
dictateurs prédestinés, les sauveurs de nations, les
pasteurs de peuples, les guerres, les pestes, les fa-
mines et toutes les misères et les horreurs, qui
escortent ces tyrans et ces fléaux !.... L'ère de la
paix du monde n'arriverait-elle donc jamais?

Faudrait-il admettre en ce monde, qu'une seule
chose soit durable: la tyrannie, et, par suite de ce
fait, déduire, que la véritable expression, la ferme
volonté de l'humanité dans ses aspirations vers les
principes et les lois qui doivent gouverner la société,
serait le mal?

Le mal s'appuyant sur la multitude, la trompant
par la flatterie, l'abêtissant par le mysticisme, l'é-
nervant par la débauche, la rendant méchante par

la vanité, et, finalement, étouffant tous es nobles penchants, en surexcitant en elle, au plus haut degré, la passion du lucre.

Faudrait-il croire alors que l'humanité est faite pour la servitude, puisque à part les quelques rares interrègnes de liberté dont elle a joui passagèrement, au prix du plus pur de son sang, le despotisme la reprend aujourd'hui dans ses serres, bien résolu à mettre l'Europe en feu plutôt que de lâcher sa proie ?

Faudrait-il enfin désespérer de tout et conclure que la vérité, la justice resteront toujours impuissantes pour enseigner et fonder le culte de l'inviolabilité du droit.... puisque la force brutale qui triomphe, devient une loi de fait, que le temps consacre, et transforme en un droit imprescriptible en faveur des conquérants, le jour où les peuples victimes de ces spoliateurs, essaient de revendiquer près d'eux leur nationalité, avec cette énergie terrible que donne le mépris de la mort ?

C'est à la royauté seule, à son règne persistant, à ses abus, à ses crimes, que le penseur doit adresser quelquefois ces redoutables questions, qui, jetant le doute dans son esprit, l'amènent à se demander si l'humanité serait encline au mal de préférence au bien, et suivant le premier penchant, faite alors pour la tyrannie, plutôt que pour la liberté.

———

III.

Pour qu'un homme soit au-dessus
de l'humanité il en coûte trop cher
à tous les autres.

(Montesquieu)

Comment ne haïrais-je pas un régime qui pour mieux
retarder l'avènement de la liberté et se maintenir au
pouvoir, n'a pas hésité à se faire le geôlier des lumières de l'intelligence, afin de l'empêcher d'éclairer
et de fertiliser le vaste champ de l'ignorance humaine ?

Comment n'exécrerais-je pas cette royauté, qui
depuis qu'elle gouverne le monde est obligée pour
soutenir sa criminelle et fastueuse existence, d'entre-
tenir une haine idiote entre tous les peuples, pour

7*

mieux étouffer dans leurs cœurs les nobles sentiments de la fraternité, de la pitié et du remords, qui ne s'est toujours ingéniée à exciter chez les hommes que les appétits les plus vils, les instincts les plus sauvages, la vanité la plus folle, afin d'en faire les héros du pillage, du meurtre et de l'incendie!.... et jamais de l'intelligence ?

Oui, je la hais cette royauté, parce qu'elle sera constamment un piège tendu devant la crédulité humaine dans lequel tomberont une à une toutes les libertés conquises par la révolution de 89!... Je la hais, parce qu'elle renferme ce pouvoir terrible et sanguinaire qui décrète la guerre sans l'assentiment des peuples; je la hais *surtout* parce qu'elle a su, avec un machiavélisme infini, malgré les rivalités qui la font se déchirer entre elles, être toujours unies pour repousser par tous les moyens les attaques de la liberté, en organisant contre celle-ci une coalition formidable, une solidarité commune dans lesquelles les rois les plus constitutionnels sont fatalement entraînés par les empereurs, rois du droit divin.

IV.

Quelqu'un présentait un jour à Antigonus, roi d'Asie, un traité de la justice; ce vieux prince lui répondit en se moquant : j'ai bien à faire de cela, moi qui prends partout où je puis, les villes des autres.

—

La force prime le droit.
(BISMARK.)

Et vous, empereurs et rois ! vous les esprits profonds, nourris de cette philosophie spéciale qui fait mépriser l'humanité ! vous les grands justiciers des peuples en décadence ...

Allez, poursuivez votre œuvre sacrilége, faites la guerre, investissez les cités, affamez les populations, et ayez soin de ne remettre vos sanglantes épées au fourreau, que le jour où l'univers terrifié par la peur se soumettra entièrement à vos lois ; alors achevez votre œuvre... impitoyablement, sans trève ni merci !

De guerriers superbes que vous étiez, redevenez simplement de sombres législateurs, n'utilisant uniquement le règne de la paix que pour mieux opprimer le monde et le conduire au caprice de votre orgueil et de vos plaisirs.

Montrez-lui, qu'après l'avoir conquis et humilié par vos armes, il vous reste encore à l'avilir, et à le vaincre dans son idée ; qu'après le siége des villes il vous faudra entreprendre le grand investissement de la pensée, jusqu'au jour où votre tyrannie toute puissante, se trouvera définitivement à l'abri de sa terrible explosion.

Et toi, Guillaume de Prusse, roi du droit divin, empereur d'Allemagne ! tu peux, tandis qu'il en est temps encore, continuer ta tragi-comédie sur le corps de la noble France ! oui tu peux, ô germain farouche, en t'enivrant de tes vieilles haines contre la liberté, te donner à plaisir cette âpre et honteuse jouissance ; car... l'Europe, ta complice, les rois tes bons frères, te regardent accomplir ton œuvre de dévastation, avec plus d'envie, hélas! que de véritable indignation

Poursuis donc ta marche victorieuse à travers les villes qui croulent, au milieu des cris des mourants, et des lueurs de l'incendie !

Pour vaincre aujourd'hui les soldats de la liberté , la scène de l'univers est admirablement préparée pour un conquérant tel que toi !..... Elle l'est *si bien* pour tes criminelles entreprises, qu'à part l'impitoyable et juste réprobation de la France assassinée, et de la postérité vengeresse, tu peux être convaincu que la majorité de tes contemporains , le peuple et les grands, applaudiront tes actes les plus iniques, autant par ignorance que par intérêt, et le plus souvent par suite de la plus stupide vanité.

Va ! ce ne sera pas en vain que ton immense hypocrisie se sera couverte du beau manteau de la religion et de la patrie ; car ce sera sous son ombre que tes mains meutrières auront pu prendre et garder impunément *le glaive national* des peuples injustement attaqués ! — Non, ce ne sera pas en vain que ton visage de fourbe se sera aussi habilement caché sous le masque du puritain austère, car la tourbe ignorante aura follement accueilli comme des sentences sacrées, les impostures tombées de tes lèvres maudites !....

Donc, très gracieux empereur, sois tranquille, tu peux, en tout honneur, mentir et ordonner des mas-

sacres humains, tu auras, quand même, des thuriféraires à ta suite, et, comme les héros romains, un
chœur pour chanter tes exploits.

... Ainsi, récolte des lauriers, vole des provinces,
et par tes créatures fais-toi offrir cette pourpre impériale teinte du sang de tes hordes victorieuses! Que
t'importe si, pour obtenir ce vain titre et ces fragiles
trophées, il te faut entraîner des myriades d'hommes
à la mort! N'est-ce pas là du reste la destinée des
peuples qui vivent sous le joug des rois?... Qu'ils
marchent donc, ils le doivent! et meurent sans mur-
murer, afin de te conquérir une autre couronne, et
surtout, ô vieillard cruel, pour émerveiller une dernière fois ton imagination rompue à toutes les jouis-
sances, mais encore assez ardente pour l'enthousiasmer
à la vue du choc terrible de six cent mille guerriers,
sur lesquels mille canons vomissent leur aveugle
mitraille!

Spectacle grandiose! luttes titanesques que des
meurtriers couronnés pouvaient seuls s'offrir, et que
toi, roi Guillaume, tu n'as eu garde de laisser échapper.... Car la fin de ta sinistre carrière approche....
et les dernières illusions dont tu puisses aujourd'hui
bercer ta superbe ambition et tes tristes convictions....
c'est d'espérer que ton peuple sera assez niais pour

faire à ta dépouille les funérailles de Charlemagne !...
c'est surtout de croire que le néant seul ! recevra pour
toujours ton âme aussi hypocrite que criminelle.

———

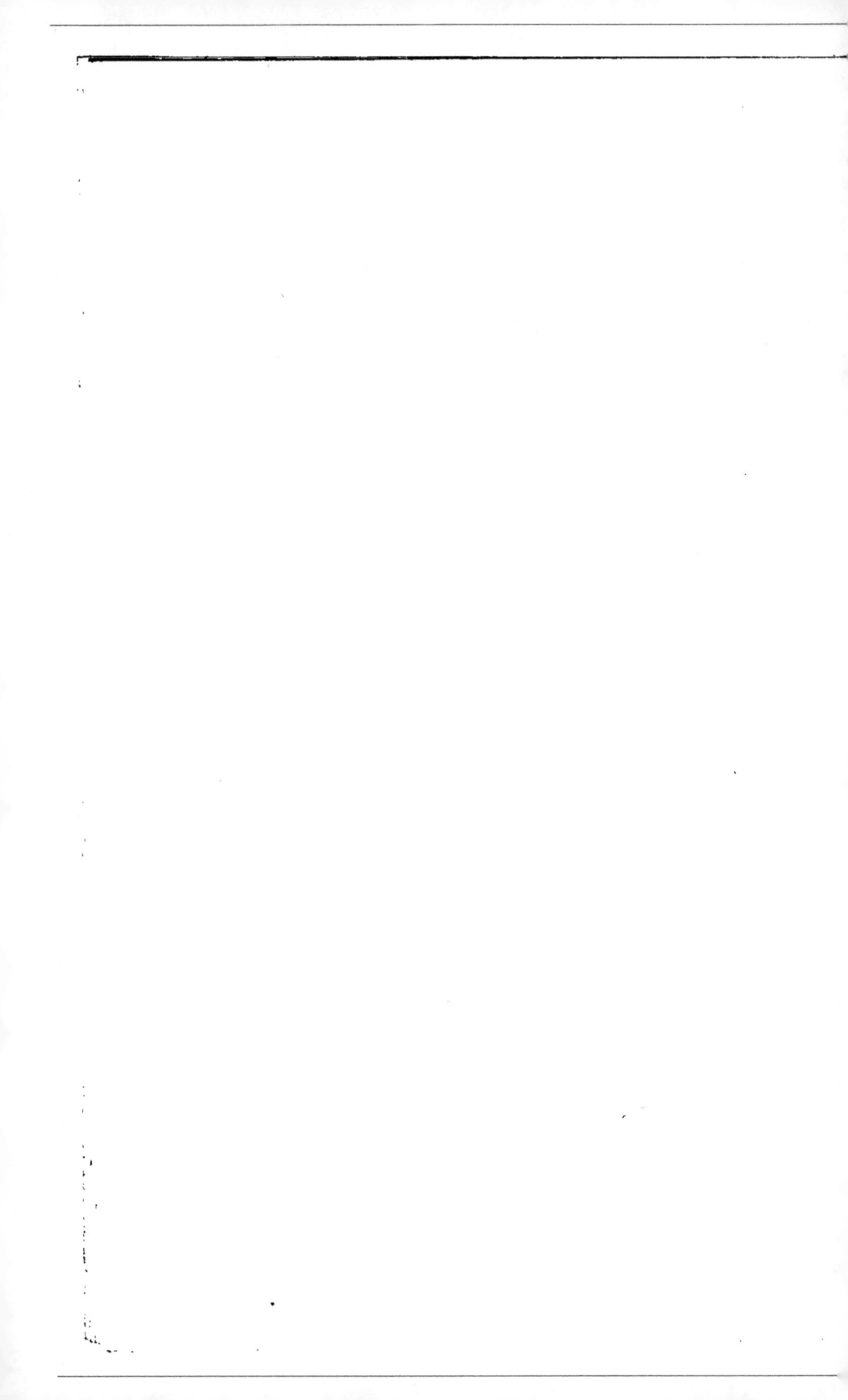

V.

De tels princes haïssaient naturellement
les gens de bien ; ils savaient qu'ils n'en
étaient pas approuvés : indignés de la
contradiction ou du silence d'un citoyen
austère, enivrés des applaudissements de
la populace, ils parvenaient à s'imaginer
que leur gouvernement faisait la félicité
publique, et qu'il n'y avait que des gens
mal intentionnés qui pussent le censurer.

(Montesquieu.)

(*Grandeur et décadence des Romains*)

Ah ! je l'avoue, depuis le jour où deux *meurtriers
couronnés* ont résolu cette horrible guerre, pour le
seul besoin de venger leur amour-propre blessé, de
rassasier leur orgueil, d'agrandir leur maison et surtout pour mieux illustrer et perpétuer leur race maudite, depuis ce jour à jamais exécrable, où un lâche

aventurier et un vieillard hypocrite, ont déchaîné sur ma belle patrie toutes les calamités de l'invasion, la rage bouillonne dans mon cœur, et mon esprit inquiet et désolé est devenu la proie d'une unique pensée : l'amour de la république et la haine de la royauté.

Rois de par la grâce du droit divin ou de la constitution, despotes ou débonnaires, je vous hais tous à un égal degré, car tous vous êtes entachés du même vice, poursuivez le même but : fonder et perpétuer votre dynastie, telle est votre mission sur la terre. Aussi sous l'empire de ces ambitieuses pensées, de cet ardent désir, n'avez-vous jamais cherché à gouverner votre peuple qu'en vue de lui imposer votre race, sans prendre en grand souci la gloire d'améliorer son sort.

Allez, superbes comédiens, vous dont la voix sonore et le geste noble ravissent toute la foule, je voudrais que la foudre vous écrasât, le jour où vous allez hypocritement vous agenouiller au pied des saints autels, et prenez un air inspiré, un accent prophétique, pour annoncer à tout l'univers que dans la lutte que vous allez soutenir pour sauvegarder des droits sacrés, vous ne serez rien que les humbles instruments d'un Dieu justement courroucé, contre la déloyauté et la corruption de vos ennemis.

Hélas! les peuples vous écoutent au lieu d'etouffer

votre voix, et pour les entraîner à la guerre vous
n'avez plus qu'à vous attribuer effrontément une mission providentielle, afin que ces pauvres dupes vous
permettent de voler glorieusement quelques parcelles
de terre.

Si vous étiez des fous illuminés, je comprendrais et
j'excuserais vos actes, si monstrueux qu'ils fussent,
mais je reste fermement convaincu que votre esprit
ne les a jamais conçus que sous l'empire d'une lucidité
parfaite et d'un scepticisme profond.... C'est bien avec
toutes les lumières de votre intelligence, que vous
avez froidement accompli les crimes les plus abomi-
nables, dans le but unique de donner une fugitive satisfaction à votre insatiable orgueil.

Il arrive pourtant une heure où par suite de votre
politique inepte ou infâme, des publicistes courageux
discutent la forme de votre gouvernement, et, mettant en doute la légitimité de vos actes ou de votre
origine, amènent contre vous un soulèvement national !...

Alors, si nouvelle que soit votre dynastie, si dou-
teux que soient vos droits à la couronne, devant le
flot révolutionnaire qui monte et menace d'engloutir
votre trône, jusqu'au bord de l'abîme vous jouez encore votre sinistre rôle, et... sérieusement, en monar-
que convaincu, vous avez l'audace de vous réclamer

du droit divin, et à son défaut de la sanction populaire !

Homme de Sedan, c'est ainsi que tu as agi !... C'est pourquoi cet histrion couronné, grâce à la légende Napoléonienne si bien chantée par Béranger, et racontée par M. Thiers ; ce Louis Bonaparte dont l'aïeul était un simple citoyen, se considérait sous le règne de Louis-Philippe comme un légitime prétendant au trône de France, en vertu de ce que son oncle Napoléon 1er en avait été le valeureux usurpateur !

Aujourd'hui, ce taciturne personnage, qui jadis n'ouvrait la bouche que pour mentir, et ne parlait avec quelque facilité que pour prêter serment à la république et ordonner l'assassinat des républicains, ce bandit du 2 décembre, ce charlatan du 8 mai, ce lâche du 2 septembre, ose encore, après tant d'actions abjectes, se considérer dans une proclamation indécente, comme le seul maître légitime du trône de France.

En se berçant de ces criminelles espérances, en croyant possible cette chose monstrueuse... sa restauration. Et à quel prix ! Ce profond politique, ce sage qu'un de ses courtisans comparait à Marc-Aurèle, a donné la mesure exacte de son bon sens, de l'honnêteté de son esprit, et, par l'odieux de ses projets, mis en lumière la pauvreté de son caractère.

Il pouvait pourtant en se résignant à tomber de

haut, faire admirer sa chute, car son éclatante inca-
pacité lui avait préparé, pour bien mourir, une catastrophe terrible, inouïe, un effondrement suprême,
sous lesquels devait se débattre dans le râle de
l'agonie, le régime impérial mourant *ignominieu-
sement sur le champ de bataille*, pourri, corrompu,
par la débauche, le vol et la vanité !

Alors, si au lieu de la basse mesquinerie du mal,
qui était le trait dominant de son caractère, il en
avait eu le génie, ou tout au moins le courage qui
poétise encore le tyran, la mort glorieuse, héroïque,
était là qui le sollicitait de tous côtés, et qui, pour le
séduire, se faisait presque belle par le déploiement
gigantesque de toute sa sublime horreur !

Là, au milieu de tant de braves tombés au champ
d'honneur, tu devais, ô Napoléon, trouver des funérailles dignes d'un soldat…. Mais la mort te faisait
peur dans cet instant suprême où ton honneur te
commandait de l'étreindre avec une sauvage ivresse…

Lâche, tu ne *voulus* point mourir, lorsque tu
pouvais peut-être par le sacrifice de la vie, te faire
presque pardonner tes vingt années de rapines et
d'attentats ignobles contre le cœur et l'intelligence
de ta patrie.

Conspirateur de Wilhemshœhe, sois donc maudit !
toi, qui pendant vingt années conspiras avec tant

de succès contre la liberté, la justice et l'honneur de
la France! qui flattas tous les vices, atrophias les
plus belles intelligences, garottas tous les dévouements honnêtes, en te faisant une litière de toutes
les vertus, un piédestal de toutes les convoitises,
et qui ne trouvas moyen d'étayer définitivement ta
détestable puissance que lorsque tes yeux *vitreux*
ne virent plus autour de ton trône que les complices
de ton œuvre perverse!

C'est alors que tu n'eus plus besoin pour gouverner
les hommes, et rester, ô dérision! l'arbitre des
destinées de l'Europe, qu'à suivre docilement les
conseils des Cassandres et des Machiavels modernes!
Ce furent eux qui se chargèrent du soin de prédire
au monde ta mission civilisatrice, en prenant toutefois
la précaution de t'enseigner, pour l'accomplir sans
danger, non *le droit des gens! mais les droits du
Prince!*

Ce furent Persigny et de Morny, ces fidèles courtisans de tes criminelles espérances, ces deux créatures
pétries de scepticisme et d'infâmie, qui s'emparèrent
de ton obscure intelligence avec ton nom prestigieux,
pour te souffler dans l'ombre le grand rôle impérial,
t'en souligner avec tant d'esprit toutes les phrases
à effet dont il est rempli, en n'oubliant pas surtout
de te montrer avec la science la plus parfaite, toutes

les nobles attitudes que réclamait impérieusement un aussi magnifique emploi.

Pourquoi faut-il convenir que jusqu'à Sarrebruck, malgré la nullité de ton talent, et grâce seulement à la fidélité de ta mémoire, tu jouas avec un certain éclat le rôle d'empereur sur la scène du monde, et cela aux applaudissements d'une foule ignorante, d'une partie de la presse, des courtisans de tous les temps, et de tous les souverains de l'Europe, qui lors même que tu jouais mal, t'applaudissaient encore du bout des doigts autant par crainte que par politique.

Aujourd'hui, *enfin !* le peuple sait au juste ce que tu es, ce que tu vaux!

Ta chute burlesque à Sedan, tes criminelles machinations à Wilhemshœhe, ont mis complètement à nu ta valeur et ta politique; et sache-le bien, les misérables qui ont eu l'impudeur de se rattacher à ta cause condamnée par la nation, leurs noms sont cloués pour toujours au pilori de la réprobation universelle, car ces hommes, ce sont des traîtres !

En France le ridicule tue, et jamais l'on y a pardonné la lâcheté... Napoléon III, il faut que tu t'en souviennes, et te résignes à ne plus conserver la dérisoire espérance de sauver du naufrage de l'empire, les épaves vermoulues d'une légende napoléonienne

ramenant sur ses débris ton fils Napoléon IV ? Va!
tu es bien le dernier de ta race qui aura sa page
dans l'histoire, et la tienne sera plus honteuse, plus
sinistre que toutes celles qui furent écrites sur les
plus fameux tyrans de l'antiquité !

Puisse cette terrible conviction pénétrer chaque
jour davantage dans ton esprit, et s'y enraciner avec
un acharnement tel qu'il en meure dévoré par la
rage et le désespoir.....

Ce sera là le commencement de ton châtiment.... à
toi, dont la misérable conscience n'éprouvera même
plus l'amère consolation d'être mordue par le remords,
pour se purifier un jour par le repentir.

Pour les historiens et les peuples de l'avenir, ton
règne, ô bandit ! n'aura servi qu'à leur montrer, marqué sur la muraille du progrès, l'étiage de la civilisation au XIXe siècle ; il verront alors à quel degré
elle a pu descendre sous la pression de la puissance
du mal et de l'ignorance humaine, après s'être élevée
presqu'à la dernière limite sous le souffle bienfaisant
de la liberté.

FIN.

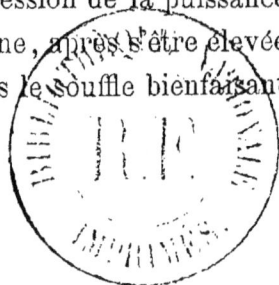

Lille. Imp. Camille Robbe.